Sudoku

Reen, for
Bus
Rides...
xo Rae

ISBN: 978-1-78599-846-1
AD005222NT

Printed in China

2 4 6 8 10 9 7 5 3 1

Contents

How to Solve Sudoku Puzzles 4

Puzzles:

★ **Beginners** 5

For those who are new to sudoku

★★ **Gentle** 25

Warm up with these puzzles

★★★ **Engrossing** 75

Give your mind a work-out

★★★★ **Challenging** 175

Hone your solving skills with these teasers

★★★★★ **Expert** 209

For those who are expert sudoku solvers

Solutions 229

How to Solve Sudoku Puzzles

Each sudoku puzzle begins with a grid in which some of the numbers are already in place:

	9	6			8		3	
		1		4	2			
5						8	1	9
4		7	1	2				3
		8	7		6	5		
2				9	4	6		1
8	7	2						5
			3	5		1		
	3		2			4	6	

You need to study the grid in order to decide where other numbers might fit. The numbers used in a sudoku puzzle are 1, 2, 3, 4, 5, 6, 7, 8 and 9 (0 is never used).

For example, in the top left box the number cannot be 9, 6, 8 or 3 (these numbers are already in the top row); nor can it be 5, 4 or 2 (these numbers are already in the far left column); nor can it be 1 (this number is already in the top left box of nine squares), so the number in the top left square is 7, since that is the only possible remaining number.

A completed puzzle is one where every row, every column and every box contains nine different numbers, as shown below:

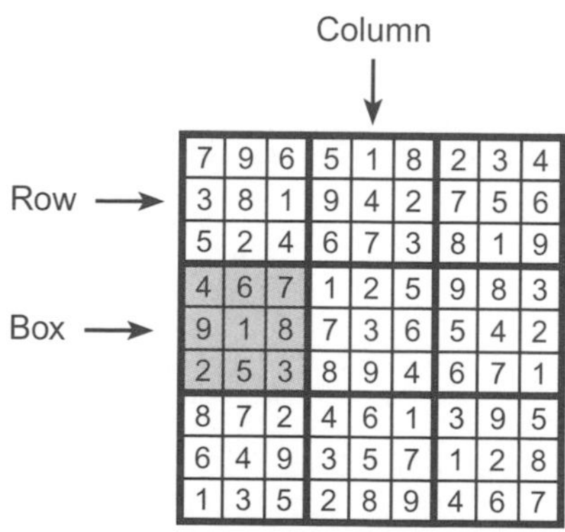

7	9	6	5	1	8	2	3	4
3	8	1	9	4	2	7	5	6
5	2	4	6	7	3	8	1	9
4	6	7	1	2	5	9	8	3
9	1	8	7	3	6	5	4	2
2	5	3	8	9	4	6	7	1
8	7	2	4	6	1	3	9	5
6	4	9	3	5	7	1	2	8
1	3	5	2	8	9	4	6	7

1

1	6			8	4	2		
			7		3	1	6	5
	3	5			6		4	
7		9	2				8	
2			6	7	5			3
	1				9	5		7
	7		4			6	9	
8	4	2	9		7			
		6	3	1			7	4

2  ★

2		1	9			7		5
		9		8	5		6	
3					7	1	8	
	5			1	8	2	7	4
		6		5		9		
1	2	4	7	3			5	
	9	8	3					1
	3		5	2		4		
4		2			6	5		7

★

	8	2	7		6	5	3	
5	7				9		6	8
	4			8			7	
			2	5		7		6
2		6		9		4		3
7		9		4	1			
	9			6			4	
1	2		3				8	9
	6	4	9		8	1	5	

4

9	3		2		1		8	5
	4		6		5			3
7				9		4		
5		2	3		6		7	
	8			1			6	
	1		5		4	8		9
		3		6				8
2			7		8		4	
4	6		1		2		9	7

5

1		5				9	2	8
7	3		8		6		1	
4			1	5				
		1	4	8		7		2
5	7		2		3		4	9
3		4		6	7	8		
				7	8			4
	1		5		9		6	3
9	4	6				5		7

6

★

9		7	1		2			4
	4		5	8		9		3
8		2	3			7		
	8			9	3		5	
	9	3		7		2	1	
	6		2	5			9	
		5			4	8		2
4		9		3	6		7	
3			7		5	6		9

7

	3	8	1		7		2	
	7				6	8		9
		1		9	2			5
	1			8	9	3	4	6
		5		2		1		
3	8	4	6	7			5	
7			2	3		4		
1		9	7				8	
	4		9		5	2	6	

8

7	3				1		9	8
	9	1		8	4			7
			9		3	2		5
6		9	3				8	
		4	6	9	7	5		
	2				5	9		3
8		6	4		9			
5			1	2		8	7	
9	1		7				4	6

9

4	6				2			1
		8	1	7	6	9		
2		1			4	8		5
	5		7		9			6
9		7		1		3		4
1			2		3		7	
3		4	5			6		8
		2	9	3	1	4		
7			4				9	3

10   

	1		5	7			3	2
		5			2	8		6
6	7		4			9		
		1		9	4	6	8	3
2				5				1
8	4	3	7	6		2		
		6			9		2	7
5		4	1			3		
3	2			8	5		9	

11

6			5		4		3	9
	9	4		3		7	2	
3		8		2		6		
	1	6	4		3	2	8	
4			2	6	8			1
	2	5	9		1	3	4	
		1		4		5		8
	4	9		8		1	7	
7	8		1		5			2

12

★

9			8	2			1	6
	2	5			4	7		3
	3			6		9		4
		4			9			5
	1	9	6	8	2	4	3	
7			1			8		
4		6		9			7	
8		1	4			2	5	
3	9			5	8			1

★

13

2		3	8	7		5	1	6
					2	4	8	9
	9	6		5				7
			7	6				4
6	1						7	3
4				1	5			
5				9		3	2	
1	8	9	3					
3	7	2		8	4	6		1

14  

5	1	7	3					4
	9			5		2		3
2		4		7	6			8
	6			1	9		2	
	8	1		6		4	3	
	5		4	8			6	
3			7	4		1		9
8		5		9			4	
1					2	7	5	6

15

9				6	5	4		3
	3		7		8	9	2	
2	4	8						7
3			4	5		1		6
		7	1		9	8		
4		9		2	6			5
7						5	1	8
	9	6	5		2		3	
8		4	3	7				9

16  ★

5	7	9						3
			1	5	2		8	
8	1			3		4		6
7	2	5	3			8		
	6		2	8	1		7	
		3			7	2	4	9
3		8		7			1	2
	9		4	1	6			
6						7	9	4

17

3					8	1		7
1	5			6	3	4	8	
	8	7			5		3	
	1				2	7		9
4			5	9	7			8
9		2	4				6	
	9		3			5	2	
	2	5	8	1			9	3
6		4	2					1

18  

2					3	5	1	7
	7	6		4				2
		8	1	2		4	9	
5				9	4		6	
6	9			5			2	8
	3		2	6				5
	2	3		1	5	6		
4				7		8	3	
9	1	7	8					4

19

3				7	6			9
9			4				3	
6				2		4	7	1
	9	3	8		5	6	4	
7		5		3		1		8
	1	4	7		9	3	2	
1	8	6		9				4
	3				8			2
4			6	5				3

20   

9		3	2		5	8	6	
	4			8				9
		6	4		1		2	
		1	8		9		7	2
	2	8		5		4	9	
4	3		6		7	5		
	9		7		8	6		
6				3			1	
	7	4	5		2	9		8

21

2			4		6			5
		8				4		6
	6	9		2	8			7
	4	3	6	1				
	2		3		5		9	
				8	9	7	3	
3			1	7		8	6	
1		4				5		
7			9		3			2

22

6	9	3			2			
4	1		5	6			8	
		7		9			2	1
		5	7	3				
3		8				2		4
				8	4	5		
9	8			7		4		
	2			4	6		7	3
			1			9	5	6

23

3			7	5	4			
8			6		1			
1				2		6	7	3
		8	5		6		3	
6	5						2	9
	3		8		2	4		
4	7	9		8				1
			4		9			2
			3	1	7			4

24

	6		4		7	5		
	9		1		5	6	8	
		7		8				3
	4		3			2		5
	8			1			7	
7		9			6		1	
6				9		4		
	7	2	5		1		3	
		3	8		2		6	

	4			7	3			2
6	7				1	8		
		3	2			9		6
			1	8		6	9	5
2								4
9	1	5		6	7			
3		1			4	5		
		6	8				2	7
5			3	9			8	

26

★★

	4	3					6	
		8		5	3		7	2
		5	8		9	1		
			9	7			5	8
1			6		8			9
4	8			3	2			
		1	2		4	6		
2	9		7	1		5		
	7					2	4	

★★

27

1		3		9			2	4
			2	6	5			
9						8	7	
8	3	5			7	9		
	7		5		2		1	
		4	9			6	5	7
	8	7						1
			3	2	1			
5	2			7		4		9

28  

9	4				5			6
6		5		2	1		4	
					9	7	3	
	8	6	9					2
		1	8		4	3		
7					3	6	9	
	2	8	1					
	3		5	7		2		4
5			4				8	1

29

9					1		5	3
	7		3		8			9
2	1			5	6			
		6	1	2		5		
3		8				2		1
		2		6	3	4		
			4	1			7	2
4			6		9		1	
5	3		7					6

30  ★★

	4		1	8		6	2	
		3			7			
8	1			5			4	3
6			3			9	8	1
5								7
3	2	8			9			6
9	8			7			6	4
			2			1		
	5	7		3	6		9	

31

					8	2	9	1
	8	9	2			7		
7			5	3			6	
		4		9			7	2
		5	6		3	1		
6	9			4		5		
	1			6	7			4
		3			4	8	2	
5	4	7	9					

32

★★

	7	1		4	8			5
					6		3	7
3		6			1	8		
		7			2		9	3
	5		1		3		6	
2	9		5			4		
		9	8			2		1
5	4		2					
1			6	7		9	8	

33

9	5			8	3		6	
			6			9		
		6	5				7	2
3	1				2		4	8
		8		1		5		
6	4		9				1	7
4	9				7	3		
		2			4			
	8		1	6			2	9

34

★ ★

	8	3					9	1
	6	2		4				7
4		5		1	3			
	2				4	1		
8	4		6		9		2	5
		7	8				3	
			3	9		6		8
5				6		2	4	
9	1					5	7	

35

4		8		5		1		3
			7				4	
	2	9		3	1	8		
2			6			9	3	4
7								5
1	6	3			4			2
		6	2	4		5	7	
	1				9			
8		2		7		3		6

	5	3		8		9	4	
9			4		7			2
	4			3			7	
	6	4	3		1	8	2	
3			2		8			4
	7	2	5		4	3	1	
	8			2			6	
6			7		3			5
	3	5		1		2	9	

37

5			8			1	6	
3				9	7	5		8
	4		5			9		
		1		6			7	5
	6		1		4		2	
4	8			2		3		
		7			6		8	
2		8	4	7				1
	9	4			1			3

2				9	8		6	
		5			4		9	1
1		7	2			8		
3	7	1	4	5				
6								2
				1	9	3	4	7
		3			6	4		8
9	2		5			1		
	5		8	7				3

39

	8			1		3		5
1		6	4	8				9
2	3	4			7			
				6	1		2	
	9	8				6	5	
	2		8	5				
			9			4	6	3
5				4	2	8		7
9		7		3			1	

40 ★★

9	1			5			3	4
					2	6		
	8	5	3	7			9	
7	2	1	9					3
8								5
3					7	9	1	6
	4			1	6	3	2	
		7	5					
1	6			8			4	7

41

	4		1	5				6
3	9		4			2		
		6			8	7		1
6	5	2	7	4				
8								9
				2	3	6	7	5
2		5	9			1		
		4			7		3	2
9				3	1		8	

42  ★★

6	2	9		3				7
			9		7			1
			2	4	5			6
	6		4		9	1		
8	3						4	9
		5	1		3		6	
5			6	7	2			
3			5		8			
7				1		8	2	5

43

	7				5	2	9	
		8		6	4			5
1	4	5	3					
6		3		5			1	
	1		6		7		8	
	5			3		4		2
					9	3	2	8
4			1	7		6		
	3	9	2				4	

44 ★★

	1	5	8			7		
9						4	8	5
	4		2	3				
2			3	5			1	4
	8		1		6		9	
3	6			2	4			7
				9	7		4	
8	2	6						9
		7			2	1	3	

45

	1		3	9			8	7
6	4			8		9		
					5	6	2	3
		2		7	8			
7		4				1		9
			9	4		2		
3	6	7	1					
		8		6			1	5
9	5			3	2		4	

46  ★★

6	1			3			5	2
	5			6			4	
		2	5		4	8		
5	7		6		9		8	3
		6	8		3	5		
8	4		1		5		9	6
		7	4		6	1		
	3			8			7	
1	6			9			2	8

47

	6		3	1		7		
7			8				9	4
8	4	5			9			
3				2		6	4	
5			6		1			3
	7	8		4				2
			4			3	2	7
9	8				2			1
		2		6	7		5	

48  ★★

2		5	8			1		
	8	1	6	4				2
			5				3	7
9	1				5	4		
	6		2		9		7	
		3	7				1	5
4	9				6			
7				3	8	2	4	
		8			2	6		9

49

9				2		3	4	5
6			4		5			
5			3	9	1			
	5		6		2	1		
4		6				8		7
		1	7		8		2	
			5	8	3			1
			9		7			2
1	7	3		6				9

	3				8			
8			5	4		3		7
9		6			7		8	
1		9			3	8		2
	7			1			4	
2		4	6			5		1
	5		9			2		3
6		3		8	1			4
			2				6	

51

4			6		3		8	
	1			9		4		
8			2		5		6	7
2			4			7	9	
7				2				3
	6	5			8			1
3	4		5		2			9
		8		3			7	
	5		7		1			4

52  ★★

2				9				7
		9	1		5	6		
	1	6	7		3	9	8	
3			4	8	1			9
	9	8				4	5	
1			9	5	6			3
	3	1	5		4	2	7	
		2	8		9	5		
5				1				6

53

2					3	8		9
	5	8	4					7
	1		2	5		3		
				7	4	6	9	8
		3				1		
6	4	9	5	8				
		6		9	2		7	
8					7	5	3	
4		2	1					6

54

★★

5		6	7				9	
7			1	4		8		
	8				2	1	3	
4	9	8	3	7				
		2				5		
				9	6	4	8	3
	4	9	5				1	
		5		6	1			2
	7				3	9		6

55

8		4			5	1		6
		5		1		2		
	1	9	3			5	8	
5	9			8	6			
	4						6	
			7	2			5	3
	3	1			4	6	7	
		2		9		3		
7		8	1			9		2

56 ★★

4	9	7			8			
	3	5	7	1			6	
1				3		4	2	
				5	3			9
6		1				5		2
9			1	2				
	6	8		4				3
	2			7	9	1	8	
			6			7	4	5

★ ★

57

	9	7			6			5
6	5		2	4				3
	4				5	1		
	3			8		6		1
		8	1		9	7		
5		2		7			9	
		6	7				2	
9				2	1		6	8
3			9			4	1	

58  ★★

	1			8				7
		7	9		4		6	
		6	5		2	3	4	
		2			7		8	3
		3		2		9		
5	4		6			1		
	7	9	2		5	8		
	5		1		3	7		
6				9			3	

★ ★

3			6		8		7	
4			5		7		3	9
	8			9		2		
6			2			7	1	
9				5				8
	4	8			3			5
		3		4			6	
8	1		7		5			2
	2		9		1			3

60  ★★

2		3		4		6		7
	7		6		9		5	
		5		2		1		
6		4	8		7	9		2
	8		1		2		6	
1		2	4		6	5		8
		9		6		8		
	2		9		8		3	
3		8		1		7		6

61

4				9	2	7	1	
1	3				8			
		2			7	8		3
3	6				5	1		
	8		7		3		4	
		9	4				6	5
7		5	2			6		
			5				9	4
	2	6	8	1				7

62  ★★

3	5	7		1		2		
			5		2	4		
			3	9	6	7		
7			9		5		4	
1		8				5		9
	6		4		1			7
		6	7	2	3			
		1	6		8			
		2		4		6	8	3

63

	7			3			2	
3			9		8			1
1		8	6		2	4		3
	8		1	9	3		6	
4		3				9		5
	6		8	4	5		3	
8		6	5		9	2		7
7			3		4			9
	9			8			1	

64   ★★

	1		6		8			7
		7		3			4	
9	8		5		2			1
	3	9			7			2
6				2				9
4			1			5	8	
3			2		5		7	6
	9			6		1		
7			4		9		5	

65

8	7		5	6				2
		9			3		1	7
					1	8		
5	3		7				6	1
		4		5		2		
1	2				8		9	5
		7	6					
3	8		4			6		
6				2	9		7	4

					1		4	9
6		5		2	3		8	
	8	1			6	5		
5	7		1			2		
3			7		8			4
		9			4		1	5
		6	8			3	7	
	4		6	9		8		2
7	2		3					

67

		8		7		3		
4		9	8			7		6
	7	1			2	8	4	
8	1		6	4				
	9						6	
				3	5		8	2
	2	7	9			6	5	
5		4			7	1		3
		3		1		2		

68

★★

1				6	3			
3				7		4	6	8
2			4					
	8	4	6		2	1	7	
6		5				8		9
	2	1	9		5	3	4	
					9			7
8	9	3		2				4
			3	5				1

69

5			6		2	7		
		3		8			5	
7			1		9	6		4
1			5			8	4	
4				1				2
	9	6			7			3
2		5	9		1			8
	7			2		4		
		9	4		3			5

70 ★★

	9	8	4	1		3		
7	4				3	5		
	1				6			9
	3			6		2		1
6			3		4			8
9		4		8			5	
4			2				7	
		2	9				3	6
		5		7	1	9	2	

71

			6		9	8	1	
			8			3	2	
				2				9
	1	9	2		4	6	7	
3								1
	8	6	5		1	4	3	
1				6				
	6	5			8			
	3	7	9		5			

72

5			7		4			
				2		3	9	
					9		4	
			5				1	7
	8			4			2	
1	4				6			
	9		6					
	2	4		8				
			4		3			6

73

8						6		3
	4	9			5			7
		2		7			4	
					4		5	6
4	8		1					
	6			1		2		
5			3			8	7	
3		8						9

74

★★★

7	3		4		1		5	9
	9						4	
			5	3	9			
5	6		9		3		8	2
2								3
3	8		7		6		9	5
			8	7	2			
	7						1	
9	2		3		4		7	8

75

4		2		1		3		8
		5				9		
6			5		9			2
			6		3			
		3				5		
			4		1			
2			3		7			1
		7				4		
9		1		6		7		3

76  ★★★

5	7							
6	4			8				
		8			2	1		
4		9			1			
8				4				6
			3			7		9
		3	7			6		
				6			2	5
							7	4

77

					4		8	
		1						5
7		6		2				
	4				8			2
9		2		1		5		8
6			9				3	
				5		2		1
3						6		
	9		7					

78

★★★

		4				2		
			2	6	9			
2		9	3		4	6		7
9		2	1		7	5		6
6								8
8		5	6		2	1		9
5		7	4		6	8		2
			8	7	5			
		3				7		

79

	4			8	1			
	2			5		7	4	3
	9		7					
4						1		
8	7						6	5
		9						4
					6		5	
3	1	6		9			2	
			4	2			1	

80  ★★★

6								4
	3		7		1		2	
2	7						8	9
		2	6	9	5	4		
		7	1	4	8	3		
5	6						7	8
	9		3		2		5	
7								3

81

			5			4		
8								
3	2		8	1				
	9	8			4	6		
1				8				3
		7	9			8	2	
				3	5		8	2
								7
		9			6			

82  ★★★

		9			2			
		3		7		5	1	2
		6	1	8				
	1							7
	5	2				4	8	
9							3	
				4	1	6		
4	3	5		9		1		
			3			7		

				8				
	1		4		9		7	
		8	5		7	9		
	7	5	9		3	2	6	
3				6				7
	8	2	7		1	3	9	
		4	2		5	6		
	2		1		4		5	
				3				

84

★★★

		2				5		
	5		4		8		9	
3	8						4	7
4				2				6
	7		5		1		8	
1				3				4
7	1						6	9
	6		1		4		3	
		3				4		

85

	8						3	
		2	3		8	6		
	9	4		5		7	2	
			6		9			
	3						9	
			7		5			
	1	9		6		8	5	
		5	9		1	2		
	7						1	

86  ★★★

5			3		7			4
		3				7		
	4			6			8	
	8	9	7		1	3	5	
			6		5			
	6	5	9		8	2	7	
	5			9			1	
		2				6		
1			8		3			2

87

	8			5			7	
		3	1		2	9		
1			8		4			2
	9	4				7	1	
3								4
	2	6				3	5	
2			5		7			3
		8	4		9	1		
	1			2			6	

88

								2
			1	5		8		6
	3		9					
	8	3	4				9	
7				8				5
	2				3	6	8	
					1		4	
5		6		7	8			
8								

89

			7	2	4			
	4			3			1	
	7	3	9		1	5	2	
		7				1		
	6						9	
		2				4		
	8	1	6		9	7	5	
	9			7			6	
			5	8	3			

90

	9			8			6	
		7	3		2	9		
2								3
4	6		1		3		7	2
			7		8			
7	8		6		4		3	5
5								8
		1	2		6	5		
	7			4			1	

91

			2	5		8		3
						7		2
	6		9				5	
			4				1	
3				2				5
	7				6			
	3				7		4	
1		7						
8		2		3	9			

92  ★★★

2	4			5			6	3
	8		4		1		9	
	3	4				7	5	
8		1				6		4
	9	2				8	3	
	7		9		2		4	
9	1			3			7	5

93

2				8	4		1	
4	3			1				
			7			8		
		5	6					
1				2				4
					8	9		
		6			9			
				4			2	3
	7		3	6				5

94 ★★★

					3			5
	2	6		8	1			
	4							
6		2	5					4
	8			6			9	
3					7	5		6
							6	
			6	9		2	8	
7			1					

95

			5					7
		9	7		8			
				6			2	5
					9	8		4
1				7				6
7		4	3					
6	7			1				
			2		7	3		
5					3			

	5	1					7	
	6				5	1		3
8				2		4		
			9				8	6
1	9				2			
		4		3				9
9		7	6				3	
	1					8	5	

97

	1	2				4	7	
3			4		7			8
9								3
		1		2		3		
6			9		1			2
		5		6		9		
5								1
4			7		8			5
	7	8				6	9	

98

	8						6	
5			6		3			8
3		9				2		5
		6		1		5		
9			3		4			7
		3		8		6		
7		8				9		6
4			7		6			2
	1						4	

99

							9	
				6	8			
1		6		7	9	8		5
	2			3				9
5			6		4			2
9				5			6	
2		5	1	4		3		7
			3	8				
	4							

100

6			4	5		3		
4		9		8				
					7		5	
			5				6	
8				9				1
	7				2			
	2		3					
				1		4		8
		1		2	8			9

101

				2		7		
					3		4	2
			7		1		3	5
5	7		9		2		1	8
		4				5		
3	1		5		6		9	4
4	8		6		7			
1	6		3					
		5		1				

102 ★★★

2	9		8		5			
		8		9				
7	3		1		2			
5	7		4		8		1	
		2				6		
	1		6		7		2	5
			2		4		5	9
				8		1		
			3		9		8	6

9	6		5		8		4	1
	8		2	7	6		5	
	9	6	8		4	5	7	
		7				4		
	1	8	7		3	2	9	
	4		6	2	7		8	
8	7		3		5		2	4

104

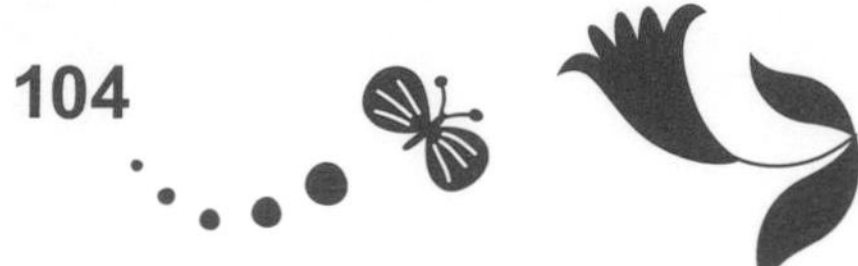

★★★

		3	8		4	7		
9			6		3			4
	2			1			6	
4	5						8	1
		8				2		
2	1						3	9
	4			6			2	
6			7		1			5
		5	2		9	4		

		8					9	2
	3	1			8	6		
4					5		3	
			7				1	
3								7
	5				4			
	4		9					8
		9	4			1	5	
2	6					9		

106

★★★

		6	5		2	3		
	7						9	
9			8		1			6
5	8		7		6		4	3
3	6		4		5		8	1
2			3		4			7
	4						2	
		1	2		9	8		

107

				4		1	3	
		4	3	8			9	
8					7			
6			8					
	3			9			4	
					5			2
			6					5
	2			5	1	7		
	1	9		3				

108

★ ★ ★

	2						1	
5			8		9			6
9	6						7	4
		6	3	7	2	1		
		9	4	1	8	5		
2	3						4	9
7			6		5			3
	9						5	

109

	9			1		3		
	8	2			6			4
7							8	6
3		4	5					
					1	8		5
6	3							8
2			4			5	7	
		5		2			9	

110 ★★★

6	9							7
1			4			3	8	
		3		1			5	
9		4	3					
					2	7		3
	5			2		9		
	7	1			6			4
8							7	6

111

	4	8				7	6	
2			6		7			3
9								2
		1		5		9		
5			4		9			8
		4		8		2		
1								4
7			3		6			1
	6	3				5	9	

112 ★★★

		2				3		
8	4						6	1
		3	1		6	9		
	8			4			3	
		7	8		2	4		
	5			7			2	
		6	9		1	5		
1	9						7	2
		5				8		

113

2			8		6			4
				3				
		8	2		7	3		
8		9	4		2	1		3
	2			5			9	
5		1	9		8	7		2
		5	7		1	6		
				9				
7			6		4			1

114  ★★★

8		6		2		3		5
	4						7	
	1		3		4		9	
7				4				9
			2		1			
5				6				7
	5		6		8		2	
	7						6	
9		8		1		4		3

115

6			4		5			1
4	1			8			3	5
		7				4		
	4			7			9	
			3		2			
	8			9			4	
		2				3		
8	7			6			5	9
3			9		4			6

116 ★★★

				3		4		9
					4	6		
	7		8		6			
	5	6			1			
		2		6		3		
			7			5	8	
			6		9		1	
		4	1					
6		3		2				

117

8	9			4				
	1		9	5				4
					7	5		
		6			3			
	4			1			9	
			5			2		
		3	2					
7				3	8		6	
				9			8	1

118

★★★

			4				5	
9		8	1	3				
		6						
8	9				5		6	
		3		9		7		
	4		2				9	5
						9		
				7	9	3		8
	2				1			

	5		1		8		2	
7								6
		4	7		9	3		
2	6		8		7		3	5
8	9		3		4		1	2
		5	9		3	2		
1								9
	7		6		1		4	

120

★★★

7	3					6		
		2			6	1		4
4					5		9	
1			8					
	8						4	
					9			5
	6		7					9
5		1	9			7		
		7					3	2

121

		4			7			
			9		4		3	
6		7		2				
	9	5	3					
		2		4		1		
					8	4	5	
				1		2		4
	8		4		6			
			8			7		

122 ★★★

		7				6		
1			2		6			9
	4		7		5		8	
6		4	5		1	3		7
5		8	3		9	4		2
	5		9		7		1	
4			6		3			8
		2				9		

123

	2		3			6	7	
		3	2					9
5		1					2	
			4			7		
8								4
		6			3			
	9					2		5
3					6	8		
	7	8			9		1	

124  

★★★

9			7		6			1
		2				7		
	7		5		8		4	
		1	8	7	2	3		
	6						5	
		8	6	5	3	1		
	2		3		7		8	
		9				4		
5			9		1			3

125

6					8			3
						8	4	
				3	7	1	2	
					5			8
	9			1			3	
4			6					
	3	2	1	9				
	1	8						
9			7					5

126

★★★

	7						9	
			6	9	1			
	9	6	3		8	4	1	
	6	1	4		3	2	5	
		3				1		
	4	2	9		5	3	6	
	2	4	8		7	9	3	
			2	3	4			
	8						4	

127

	9			5			1	
6			7		3			5
		1	2		9	6		
7	4						6	1
		9				4		
2	8						7	9
		3	1		4	8		
1			8		5			2
	5			7			9	

128

★★★

				2		9		5
						4		6
	1				6		2	
	8	4	7					
		3		4		2		
					1	8	6	
	3		5				7	
6		9						
4		2		3				

9			8		4			3
		1	5		2	7		
	6						5	
8	9		1		7		4	2
1	3		4		5		9	6
	2						8	
		9	2		1	3		
7			6		8			5

130

		1	6		5	8		
	2		3		9		1	
8				2				6
9	6						5	4
		7				6		
1	8						9	7
6				9				2
	5		2		4		8	
		4	7		8	3		

131

4	7						2	1
	2	3		5		6	9	
3			2		1			9
	1						8	
5			8		6			2
	4	5		2		9	1	
8	6						3	4

132 ★★★

	9						3	
1	3			2			4	7
4			3		1			8
			4		9			
	6						1	
			1		2			
8			7		6			2
5	1			4			8	9
	7						6	

133

		9						
				1	4			
4	6			7	9		3	1
	9			2		5		
	5		1		8		6	
		1		6			9	
2	7		3	8			5	6
			2	4				
						8		

134 ★★★

				5				4
			2		7	1	6	
			9		4	2	5	
	2	9	1		8		7	
8								2
	7		4		3	9	1	
	4	8	5		6			
	9	5	3		2			
7				4				

		2				3		
3		5	1		2	9		4
			3	9	5			
6		7	9		3	8		5
9								6
5		3	8		4	7		9
			6	4	7			
7		4	2		9	6		3
		1				4		

136 ★★★

1		4	8		6			
7		3	1		2			
	6			4				
8		7	6		9	2		
	1						5	
		2	7		5	1		8
				6			2	
			9		1	8		4
			4		3	6		5

137

8			4		6			1
6	9			2			7	5
7		6				3		2
	8	4				5	6	
1		9				8		7
4	1			7			2	3
3			9		1			6

138

		9				2		
			7	5	2			
2		7	9		4	5		8
7		2	8		6	3		5
5								1
1		3	2		5	6		7
3		8	5		9	1		2
			3	8	1			
		4				8		

139

				8				
3	6						1	8
4	2			6	1	7		
	8	7			4			
		3				8		
			8			3	4	
		9	5	2			3	7
8	5						2	1
				1				

140 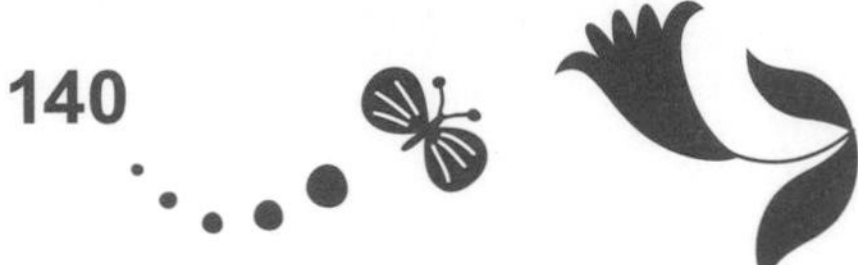 ★★★

	6						3	
2		1				5		7
3			2		7			9
		7		6		4		
5			8		3			2
		8		1		7		
4			7		8			1
8		5				9		4
	1						7	

141

	8	5		6		1	7	
3		2				9		5
8			3		2			6
		1				3		
9			6		1			7
5		4				6		1
	9	6		8		7	2	

142 ★★★

	8	1		9		3	2	
5	7						4	8
1			5		7			9
	2						5	
4			9		2			3
8	6						9	2
	9	4		1		7	3	

143

	9		2		7		6	
7				1				3
		5	6		9	8		
8		2				3		9
	5						2	
6		4				5		1
		7	8		2	9		
9				6				4
	6		3		1		5	

144

★ ★ ★

9		2					3	
6			4			1		
	8		3				7	6
7					5			
		5				6		
			1					4
4	7				1		9	
		3			9			1
	9					2		8

145

		3	4		5	9		
9		8				7		6
7								4
	7		2	1	6		4	
	5		8	3	9		1	
8								1
5		7				6		3
		4	7		2	5		

146  ★★★

			6					7
	2	1		4				
	9			7	2	4		
					7			8
	4			9			2	
3			5					
		6	1	5			3	
				2		9	1	
5					8			

147

4	3	2		9				1
					3			6
			1	2				7
	1					6		
8	4						5	2
		9					3	
7				5	1			
9			8					
3				6		8	1	4

148

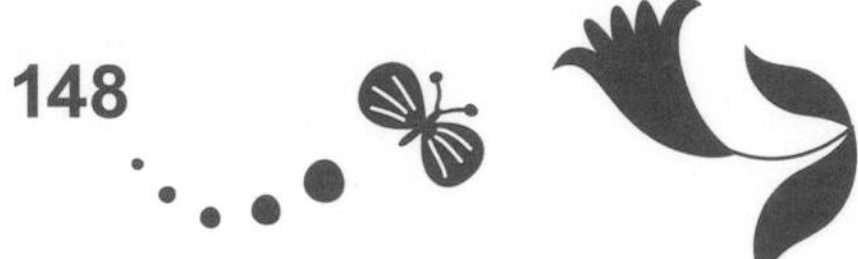

★★★

			2	3			9	
					4		8	
5	9	4		6			3	
		6						2
1	7						4	8
2						9		
	3			8		7	2	5
	6		7					
	2			1	9			

149

	6		8	1	7		5	
5	7		4		2		1	6
	9	8	5		6	2	7	
		7				6		
	3	5	7		4	1	9	
9	8		2		5		6	3
	5		1	7	8		2	

150 ★★★

	2	5		8				
			9					4
		6					3	
9			4				8	
	1	8		6		3	4	
	5				1			7
	7					5		
1					2			
				3		8	6	

151

		4	7		9	2		
	7	5		6		4	1	
2		6				1		4
5	3						2	8
9		7				6		3
	9	2		1		8	6	
		3	2		5	7		

152

★★★

					7			8
	4		5	8		9		
	5	2		9				
			8					3
	9			4			5	
1					6			
				5		4	2	
		7		6	2		1	
6			3					

153

8	6		4				3	
1	3						2	
			8	2				1
					4			3
6		3				2		5
9			2					
7				8	1			
	2						8	4
	9				2		5	6

154

★ ★ ★

9	7					5		
		1	5			4		6
6			3				2	
			2					3
	8						6	
4					8			
	5				9			2
3		4			2	9		
		9					7	1

155

8	3			4	5		1	9
		4						
				2	9			
		3		9			6	
	8		4		7		3	
	6			8		7		
			2	7				
						6		
7	5		6	1			8	2

156   ★★★

			8	7			1	6
							9	2
		5	9			7		
			4			9		
3				1				7
		2			5			
		3			8	4		
1	9							
7	6			3	1			

157

			2				9	
5								7
1				7	6			2
				5		8		1
4		5	8		7	3		9
6		3		9				
7			6	2				4
3								8
	6				5			

158 ★★★

			6		5			8
	6		1					
	1	7		3				
5	9				8			
	3			6			2	
			4				6	9
				2		6	3	
					4		1	
4			7		6			

159

5		8		3		4		2
7			1		2			3
	6						7	
		1		8		2		
			6		7			
		5		2		1		
	8						1	
3			4		1			9
1		9		5		7		4

160

	9							6
				2			3	1
		8	7					
	6		8			9		
1	8			3			4	2
		5			4		1	
					5	4		
6	7			1				
3							2	

161

		3				6		
			8	6	5			
5		6	1		7	8		9
8		5	7		9	4		2
7								8
2		9	4		6	5		7
9		2	3		1	7		6
			9	7	2			
		1				9		

162 ★★★

4								
	9	2	8	4		1	5	
			5	3				
2				5		6		
		9	7		4	2		
		6		9				7
				7	3			
	7	8		1	6	9	3	
								6

	2			6	9			
5							3	6
8					5		7	4
					3		1	
	7	1				5	4	
	8		5					
7	6		3					1
1	9							5
			6	5			9	

164 ★★★

2	1	5		9				7
			5					8
				1	7			4
		7					8	
6		2				3		1
	9					5		
4			7	3				
9					6			
5				8		7	6	2

165

	4			9				
8		2	1		5			
5		9			6			
9		6	5		4	2		3
	2						4	
1		4	7		3	8		9
			6			7		2
			9		1	4		6
				7			1	

166 ★★★

			4			9		
8				9	7		6	
7	5			2				
					9	8		
2				5				1
		4	3					
				1			7	2
	1		2	3				5
		3			6			

167

3								6
	6	9		1		5	2	
	4		6		2		9	
		1		8		6		
			5		7			
		6		3		8		
	5		8		6		4	
	1	3		4		2	8	
7								5

168   ★★★

		2		9		8	5	4
		7			5			
		8	6	3				
8							6	
3		5				1		9
	7							8
				2	8	6		
			1			9		
4	1	6		7		2		

169

	3		4	7			8	
4					9			
	1						2	
				9		2	6	
	8	9	2		3	1	5	
	4	1		5				
	9						3	
			7					5
	6			3	4		7	

170   ★★★

8			3		6			1
	5		8		1		2	
		3		4		9		
	6	2				8	9	
5								6
	7	1				4	5	
		8		1		7		
	3		6		2		8	
1			4		9			5

171

2	9		1					
							3	
	1			3	6			
		2		8				5
8			9		4			3
5				6		7		
			7	4			9	
	8							
					8		1	4

172

			2					
		8						
			4	3		9		
4	2						3	
	6			1			8	
	9						7	5
		7		6	8			
						4		
					5			

173

			2	9				6
					4			
	9					3		7
		5		6				8
		9	8		5	6		
7				3		4		
3		7					8	
			1					
1				8	2			

174

	8						2	
			8	3		1		
5	7		4		2	3		
8		4			9			
	1						9	
			1			2		6
		9	5		6		1	8
		5		4	8			
	4						7	

175

				2	4	6		
		9						
					1			
	7						3	9
	4			5			2	
1	6						8	
			3					
						4		
		8	9	7				

176

			4					2
3			1			7	4	
		2		9		5		
	1	8			7			
6								5
			2			8	3	
		9		5		6		
	2	1			6			9
7					9			

177

		6	9				4	
3	7							
		8	2			5		
4	5		3			1		
			5		6			
		1			4		2	5
		7			2	6		
							7	2
	3				7	4		

178

4								
			9					
			7	6				2
	9	2				3		
		7		8		6		
		1				5	4	
3				1	4			
					5			
								7

179

	6		5	7				
1	8					7		
					3			
3				1			8	
6			9		4			7
	9			6				4
			2					
		9					1	8
				9	5		2	

180

			8					
9			4	6				
								5
	2	5					1	
	6			7			4	
	3					8	9	
4								
				1	5			3
					2			

181

4			2			9		
			1			2		
	1				3		8	4
			4	8			2	9
7	2			1	6			
8	5		3				9	
		6			4			
		9			1			6

182

★★★★

3				6			9	5
	8	1	3					
			5				1	
	1				6	5	3	
		3				7		
	4	5	8				2	
	5				4			
					2	6	7	
9	6			8				2

183

			5					
							9	
	3		4	6				
2						5		3
6				7				4
1		9						8
				8	9		2	
	4							
					1			

184

					1	5		
	4					7	9	
3				2			8	
2				3				7
			1		5			
6				9				1
	8			4				3
	7	9					2	
		3	5					

185

			9					6
4		6	1					
	1			2			9	8
7		9	4					3
		1				5		
6					2	9		1
2	8			4			3	
					3	2		5
9					7			

186

★★★★

	4	6			2			
					5		3	
2				8			6	7
	1	3			6		9	
		4				1		
	2		8			3	5	
3	7			6				1
	9		3					
			1			9	8	

187

5	9	2						
		3		9	8			
	4		3		2			
			9	1		6		
2								7
		1		3	5			
			7		6		9	
			8	4		7		
						3	5	8

188   ★★★★

		6			7	4		
	9		5					3
	4	1			6			5
						2	8	
9								6
	7	3						
6			3			5	2	
4					9		3	
		5	7			1		

189

		4	8					
	2	5		3			9	
			9			1		5
		7	5			6		4
6								1
4		8			3	9		
7		3			6			
	6			5		2	4	
					4	7		

190  

				2	9			1
	5	6	3		7			2
		9				3		
					1		8	3
		1				4		
7	9		4					
		7				6		
4			8		5	1	9	
5			9	7				

191

7					8		1	
						4		8
	8				4		6	
	2				1	3		4
			3		6			
3		1	7				2	
	9		4				3	
8		7						
	6		5					1

192

		5						
					5	9	2	
			6	2		3		
7				5			4	
	5		3		2		1	
	4			8				6
		9		1	8			
	7	3	9					
						1		

193

					2			
	3			7	1			
							8	
8		4				9		
		7		6		1		
		5				3		2
	1							
			8	9			5	
			4					

194

★★★★

		8			2	9		
3			6				1	
4					1	8	5	
						5	7	
6								4
	2	1						
	3	9	4					8
	6				8			1
		4	2			3		

195

6			1		2			
		2		3	7			
8	7	5						
			8	5		4		
	2						9	
		1		4	6			
						9	8	6
			7	6		5		
			9		5			3

196   ★★★★

			7					
		3						1
			8	5	4			
	2	1						
		5		9		6		
						7	8	
			6	1	3			
7						4		
					2			

197

2					8			
		1		3		4	5	
	6					1		
1			2		7			
		7		5		3		
			3		9			8
		5					7	
	4	3		7		8		
			6					9

198   

			5					
	1	6						9
		5		9	2			
	7			4		9		
	8		9		7		4	
		1		6			3	
			2	8		4		
8						1	6	
					3			

199

			4				9	3
		5	3			8		2
2	9			6				
	2					7		9
6		7					1	
				1			5	6
8		6			9	2		
5	1				7			

200   

					6			5
4		8			1			
	1			3			9	8
7		5			8			2
		4				7		
1			3			5		6
9	5			8			7	
			7			2		3
2			5					

201

	9		7					1
2			6					5
						3	4	
8			3			9	2	
			2		1			
	6	2			9			8
	4	6						
1					6			4
9					4		3	

7		4	2					
				8		1		7
	5	1	4				6	
	3	7						1
9						8	3	
	1				7	5	8	
6		8		9				
					3	6		9

203

	1						8	
			1	2		5		
7	6		4		8	2		
1		4			3			
	5						3	
			5			8		9
		3	7		9		5	1
		7		4	1			
	4						6	

204

			1					
7	9					4		
	8			4	3			
	5			8				2
8			2		5			4
1				7			9	
			3	5			6	
		5					7	9
					6			

205

				9				
4	6					7		
			1		2		8	
						6		
9				3				2
		8						
	5		7		6			
		1					3	4
				8				

206

	2	5		7				
		1	9					3
		4						
6			3					
		7		2		5		
					1			8
						2		
1					8	3		
				5		4	9	

207

				3			5	8
		3		6				2
	8	9			1			
					9	1		
7				2				3
		4	6					
			5			6	3	
8				9		2		
3	2			7				

208

7			4					
							5	
				2		8	3	7
			6					1
	3			5			2	
9					7			
6	8	5		3				
	1							
					9			6

209

				5				8
	4		3					
	5					1		
	7						3	
		1		6		9		
	2						4	
		5					7	
					4		2	
6				9				

210

		9			8			6
								1
				3			2	4
					9	7		
4				2				3
		5	6					
1	8			4				
2								
9			5			6		

211

						7		
5					8			
				6		3	4	
9			1		6			
		3		4		6		
			3		5			2
	8	7		3				
			9					1
		4						

212

		6		2				
			8		4	6		7
	9							
7								
	1			9			6	
								3
							5	
4		8	3		7			
				1		2		

213

				4		6		8
						2		
	7		3					
			7		1		3	
		1		2		4		
	5		4		9			
					8		9	
		6						
2		4		1				

214

				1		7		3
1						5		9
	8		4					
	9				8			
		7		5		1		
			6				2	
					9		6	
9		2						4
5		3		7				

215

				7		6		3
	8		9					
								5
			1		7		2	
3				5				7
	4		3		8			
2								
					4		1	
6		5		3				

216

			1				3	5
5		4		7				
		6					7	
	1		8					
3		7		5		2		8
					3		6	
	4					5		
				2		7		4
7	8				9			

217

			4			9	7	
	5							
2		7		3		8		1
	9		7			6		
			3		5			
		4			1		2	
7		2		9		4		6
							8	
	3	1			8			

218  

			6		9	1		
	9		8					5
7		8				2		
		5						
		2	1	3	4	8		
						4		
		9				6		2
2					3		7	
		1	2		8			

219

		2					6	
			5				7	
1				8				
	7						5	
		9		1		8		
	6						4	
				2				3
	5				4			
	2					9		

220   

3	1							
			7		4		1	
		7				9		3
9			6	2				
	3	6				1	9	
				8	3			2
6		5				2		
	4		2		5			
							6	1

221

		8	1		6			
	3					2		4
				9				
	2							
1				5				9
							8	
				8				
4		5					6	
			2		3	7		

222

			8		1			2
	4		7			5		
		9						
	7						8	
		6		2		9		
	3						4	
						3		
		2			9		6	
1			5		4			

223

6								
		8	9	5		3	1	
		3						7
2	5			9			4	
				2				
	3			1			8	5
3						6		
	1	4		3	7	5		
								4

224

★★★★★

2	1			5				
		5			3	7		
	6							
		3			4			
	5	8		2		1	9	
			7			6		
							2	
		4	8			9		
				9			5	1

Solutions

1

1	6	7	5	8	4	2	3	9
4	2	8	7	9	3	1	6	5
9	3	5	1	2	6	7	4	8
7	5	9	2	3	1	4	8	6
2	8	4	6	7	5	9	1	3
6	1	3	8	4	9	5	2	7
3	7	1	4	5	8	6	9	2
8	4	2	9	6	7	3	5	1
5	9	6	3	1	2	8	7	4

2

2	8	1	9	6	3	7	4	5
7	4	9	1	8	5	3	6	2
3	6	5	2	4	7	1	8	9
9	5	3	6	1	8	2	7	4
8	7	6	4	5	2	9	1	3
1	2	4	7	3	9	8	5	6
5	9	8	3	7	4	6	2	1
6	3	7	5	2	1	4	9	8
4	1	2	8	9	6	5	3	7

3

9	8	2	7	1	6	5	3	4
5	7	1	4	3	9	2	6	8
6	4	3	5	8	2	9	7	1
4	1	8	2	5	3	7	9	6
2	5	6	8	9	7	4	1	3
7	3	9	6	4	1	8	2	5
8	9	7	1	6	5	3	4	2
1	2	5	3	7	4	6	8	9
3	6	4	9	2	8	1	5	7

4

9	3	6	2	4	1	7	8	5
8	4	1	6	7	5	9	2	3
7	2	5	8	9	3	4	1	6
5	9	2	3	8	6	1	7	4
3	8	4	9	1	7	5	6	2
6	1	7	5	2	4	8	3	9
1	7	3	4	6	9	2	5	8
2	5	9	7	3	8	6	4	1
4	6	8	1	5	2	3	9	7

5

1	6	5	7	3	4	9	2	8
7	3	2	8	9	6	4	1	5
4	8	9	1	5	2	3	7	6
6	9	1	4	8	5	7	3	2
5	7	8	2	1	3	6	4	9
3	2	4	9	6	7	8	5	1
2	5	3	6	7	8	1	9	4
8	1	7	5	4	9	2	6	3
9	4	6	3	2	1	5	8	7

6

9	3	7	1	6	2	5	8	4
1	4	6	5	8	7	9	2	3
8	5	2	3	4	9	7	6	1
2	8	1	6	9	3	4	5	7
5	9	3	4	7	8	2	1	6
7	6	4	2	5	1	3	9	8
6	7	5	9	1	4	8	3	2
4	2	9	8	3	6	1	7	5
3	1	8	7	2	5	6	4	9

7

9	3	8	1	5	7	6	2	4
5	7	2	3	4	6	8	1	9
4	6	1	8	9	2	7	3	5
2	1	7	5	8	9	3	4	6
6	9	5	4	2	3	1	7	8
3	8	4	6	7	1	9	5	2
7	5	6	2	3	8	4	9	1
1	2	9	7	6	4	5	8	3
8	4	3	9	1	5	2	6	7

8

7	3	5	2	6	1	4	9	8
2	9	1	5	8	4	6	3	7
4	6	8	9	7	3	2	1	5
6	5	9	3	1	2	7	8	4
3	8	4	6	9	7	5	2	1
1	2	7	8	4	5	9	6	3
8	7	6	4	3	9	1	5	2
5	4	3	1	2	6	8	7	9
9	1	2	7	5	8	3	4	6

Solutions

9

4	6	9	8	5	2	7	3	1
5	3	8	1	7	6	9	4	2
2	7	1	3	9	4	8	6	5
8	5	3	7	4	9	1	2	6
9	2	7	6	1	5	3	8	4
1	4	6	2	8	3	5	7	9
3	9	4	5	2	7	6	1	8
6	8	2	9	3	1	4	5	7
7	1	5	4	6	8	2	9	3

10

9	1	8	5	7	6	4	3	2
4	3	5	9	1	2	8	7	6
6	7	2	4	3	8	9	1	5
7	5	1	2	9	4	6	8	3
2	6	9	8	5	3	7	4	1
8	4	3	7	6	1	2	5	9
1	8	6	3	4	9	5	2	7
5	9	4	1	2	7	3	6	8
3	2	7	6	8	5	1	9	4

11

6	7	2	5	1	4	8	3	9
1	9	4	8	3	6	7	2	5
3	5	8	7	2	9	6	1	4
9	1	6	4	5	3	2	8	7
4	3	7	2	6	8	9	5	1
8	2	5	9	7	1	3	4	6
2	6	1	3	4	7	5	9	8
5	4	9	6	8	2	1	7	3
7	8	3	1	9	5	4	6	2

12

9	4	7	8	2	3	5	1	6
6	2	5	9	1	4	7	8	3
1	3	8	5	6	7	9	2	4
2	8	4	3	7	9	1	6	5
5	1	9	6	8	2	4	3	7
7	6	3	1	4	5	8	9	2
4	5	6	2	9	1	3	7	8
8	7	1	4	3	6	2	5	9
3	9	2	7	5	8	6	4	1

13

2	4	3	8	7	9	5	1	6
7	5	1	6	3	2	4	8	9
8	9	6	4	5	1	2	3	7
9	2	8	7	6	3	1	5	4
6	1	5	2	4	8	9	7	3
4	3	7	9	1	5	8	6	2
5	6	4	1	9	7	3	2	8
1	8	9	3	2	6	7	4	5
3	7	2	5	8	4	6	9	1

14

5	1	7	3	2	8	6	9	4
6	9	8	1	5	4	2	7	3
2	3	4	9	7	6	5	1	8
4	6	3	5	1	9	8	2	7
9	8	1	2	6	7	4	3	5
7	5	2	4	8	3	9	6	1
3	2	6	7	4	5	1	8	9
8	7	5	6	9	1	3	4	2
1	4	9	8	3	2	7	5	6

15

9	7	1	2	6	5	4	8	3
6	3	5	7	4	8	9	2	1
2	4	8	9	1	3	6	5	7
3	8	2	4	5	7	1	9	6
5	6	7	1	3	9	8	4	2
4	1	9	8	2	6	3	7	5
7	2	3	6	9	4	5	1	8
1	9	6	5	8	2	7	3	4
8	5	4	3	7	1	2	6	9

16

5	7	9	6	4	8	1	2	3
4	3	6	1	5	2	9	8	7
8	1	2	7	3	9	4	5	6
7	2	5	3	9	4	8	6	1
9	6	4	2	8	1	3	7	5
1	8	3	5	6	7	2	4	9
3	4	8	9	7	5	6	1	2
2	9	7	4	1	6	5	3	8
6	5	1	8	2	3	7	9	4

Solutions

17

3	4	6	9	2	8	1	5	7
1	5	9	7	6	3	4	8	2
2	8	7	1	4	5	9	3	6
5	1	8	6	3	2	7	4	9
4	6	3	5	9	7	2	1	8
9	7	2	4	8	1	3	6	5
8	9	1	3	7	6	5	2	4
7	2	5	8	1	4	6	9	3
6	3	4	2	5	9	8	7	1

18

2	4	9	6	8	3	5	1	7
1	7	6	5	4	9	3	8	2
3	5	8	1	2	7	4	9	6
5	8	2	7	9	4	1	6	3
6	9	4	3	5	1	7	2	8
7	3	1	2	6	8	9	4	5
8	2	3	4	1	5	6	7	9
4	6	5	9	7	2	8	3	1
9	1	7	8	3	6	2	5	4

19

3	4	1	5	7	6	2	8	9
9	7	2	4	8	1	5	3	6
6	5	8	9	2	3	4	7	1
2	9	3	8	1	5	6	4	7
7	6	5	2	3	4	1	9	8
8	1	4	7	6	9	3	2	5
1	8	6	3	9	2	7	5	4
5	3	7	1	4	8	9	6	2
4	2	9	6	5	7	8	1	3

20

9	1	3	2	7	5	8	6	4
2	4	7	3	8	6	1	5	9
8	5	6	4	9	1	7	2	3
5	6	1	8	4	9	3	7	2
7	2	8	1	5	3	4	9	6
4	3	9	6	2	7	5	8	1
3	9	2	7	1	8	6	4	5
6	8	5	9	3	4	2	1	7
1	7	4	5	6	2	9	3	8

21

2	7	1	4	3	6	9	8	5
5	3	8	7	9	1	4	2	6
4	6	9	5	2	8	3	1	7
9	4	3	6	1	7	2	5	8
8	2	7	3	4	5	6	9	1
6	1	5	2	8	9	7	3	4
3	5	2	1	7	4	8	6	9
1	9	4	8	6	2	5	7	3
7	8	6	9	5	3	1	4	2

22

6	9	3	8	1	2	7	4	5
4	1	2	5	6	7	3	8	9
8	5	7	4	9	3	6	2	1
2	4	5	7	3	9	1	6	8
3	7	8	6	5	1	2	9	4
1	6	9	2	8	4	5	3	7
9	8	6	3	7	5	4	1	2
5	2	1	9	4	6	8	7	3
7	3	4	1	2	8	9	5	6

23

3	6	2	7	5	4	9	1	8
8	9	7	6	3	1	2	4	5
1	4	5	9	2	8	6	7	3
9	2	8	5	4	6	1	3	7
6	5	4	1	7	3	8	2	9
7	3	1	8	9	2	4	5	6
4	7	9	2	8	5	3	6	1
5	1	3	4	6	9	7	8	2
2	8	6	3	1	7	5	9	4

24

8	6	1	4	3	7	5	2	9
3	9	4	1	2	5	6	8	7
5	2	7	6	8	9	1	4	3
1	4	6	3	7	8	2	9	5
2	8	5	9	1	4	3	7	6
7	3	9	2	5	6	8	1	4
6	1	8	7	9	3	4	5	2
4	7	2	5	6	1	9	3	8
9	5	3	8	4	2	7	6	1

Solutions

25

8	4	9	6	7	3	1	5	2
6	7	2	9	5	1	8	4	3
1	5	3	2	4	8	9	7	6
7	3	4	1	8	2	6	9	5
2	6	8	5	3	9	7	1	4
9	1	5	4	6	7	2	3	8
3	8	1	7	2	4	5	6	9
4	9	6	8	1	5	3	2	7
5	2	7	3	9	6	4	8	1

26

9	4	3	1	2	7	8	6	5
6	1	8	4	5	3	9	7	2
7	2	5	8	6	9	1	3	4
3	6	2	9	7	1	4	5	8
1	5	7	6	4	8	3	2	9
4	8	9	5	3	2	7	1	6
5	3	1	2	8	4	6	9	7
2	9	4	7	1	6	5	8	3
8	7	6	3	9	5	2	4	1

27

1	6	3	7	9	8	5	2	4
7	4	8	2	6	5	1	9	3
9	5	2	1	3	4	8	7	6
8	3	5	6	1	7	9	4	2
6	7	9	5	4	2	3	1	8
2	1	4	9	8	3	6	5	7
3	8	7	4	5	9	2	6	1
4	9	6	3	2	1	7	8	5
5	2	1	8	7	6	4	3	9

28

9	4	3	7	8	5	1	2	6
6	7	5	3	2	1	8	4	9
8	1	2	6	4	9	7	3	5
3	8	6	9	5	7	4	1	2
2	9	1	8	6	4	3	5	7
7	5	4	2	1	3	6	9	8
4	2	8	1	9	6	5	7	3
1	3	9	5	7	8	2	6	4
5	6	7	4	3	2	9	8	1

29

9	8	4	2	7	1	6	5	3
6	7	5	3	4	8	1	2	9
2	1	3	9	5	6	7	8	4
7	9	6	1	2	4	5	3	8
3	4	8	5	9	7	2	6	1
1	5	2	8	6	3	4	9	7
8	6	9	4	1	5	3	7	2
4	2	7	6	3	9	8	1	5
5	3	1	7	8	2	9	4	6

30

7	4	5	1	8	3	6	2	9
2	6	3	9	4	7	5	1	8
8	1	9	6	5	2	7	4	3
6	7	4	3	2	5	9	8	1
5	9	1	8	6	4	2	3	7
3	2	8	7	1	9	4	5	6
9	8	2	5	7	1	3	6	4
4	3	6	2	9	8	1	7	5
1	5	7	4	3	6	8	9	2

31

3	5	6	4	7	8	2	9	1
4	8	9	2	1	6	7	3	5
7	2	1	5	3	9	4	6	8
1	3	4	8	9	5	6	7	2
8	7	5	6	2	3	1	4	9
6	9	2	7	4	1	5	8	3
2	1	8	3	6	7	9	5	4
9	6	3	1	5	4	8	2	7
5	4	7	9	8	2	3	1	6

32

9	7	1	3	4	8	6	2	5
4	8	5	9	2	6	1	3	7
3	2	6	7	5	1	8	4	9
6	1	7	4	8	2	5	9	3
8	5	4	1	9	3	7	6	2
2	9	3	5	6	7	4	1	8
7	6	9	8	3	4	2	5	1
5	4	8	2	1	9	3	7	6
1	3	2	6	7	5	9	8	4

Solutions

33

9	5	7	2	8	3	1	6	4
8	2	4	6	7	1	9	3	5
1	3	6	5	4	9	8	7	2
3	1	9	7	5	2	6	4	8
2	7	8	4	1	6	5	9	3
6	4	5	9	3	8	2	1	7
4	9	1	8	2	7	3	5	6
5	6	2	3	9	4	7	8	1
7	8	3	1	6	5	4	2	9

34

7	8	3	2	5	6	4	9	1
1	6	2	9	4	8	3	5	7
4	9	5	7	1	3	8	6	2
3	2	9	5	7	4	1	8	6
8	4	1	6	3	9	7	2	5
6	5	7	8	2	1	9	3	4
2	7	4	3	9	5	6	1	8
5	3	8	1	6	7	2	4	9
9	1	6	4	8	2	5	7	3

35

4	7	8	9	5	2	1	6	3
3	5	1	7	8	6	2	4	9
6	2	9	4	3	1	8	5	7
2	8	5	6	1	7	9	3	4
7	9	4	8	2	3	6	1	5
1	6	3	5	9	4	7	8	2
9	3	6	2	4	8	5	7	1
5	1	7	3	6	9	4	2	8
8	4	2	1	7	5	3	9	6

36

7	5	3	6	8	2	9	4	1
9	1	8	4	5	7	6	3	2
2	4	6	1	3	9	5	7	8
5	6	4	3	7	1	8	2	9
3	9	1	2	6	8	7	5	4
8	7	2	5	9	4	3	1	6
1	8	7	9	2	5	4	6	3
6	2	9	7	4	3	1	8	5
4	3	5	8	1	6	2	9	7

37

5	7	9	8	4	3	1	6	2
3	1	2	6	9	7	5	4	8
8	4	6	5	1	2	9	3	7
9	2	1	3	6	8	4	7	5
7	6	3	1	5	4	8	2	9
4	8	5	7	2	9	3	1	6
1	5	7	9	3	6	2	8	4
2	3	8	4	7	5	6	9	1
6	9	4	2	8	1	7	5	3

38

2	3	4	1	9	8	7	6	5
8	6	5	7	3	4	2	9	1
1	9	7	2	6	5	8	3	4
3	7	1	4	5	2	6	8	9
6	4	9	3	8	7	5	1	2
5	8	2	6	1	9	3	4	7
7	1	3	9	2	6	4	5	8
9	2	8	5	4	3	1	7	6
4	5	6	8	7	1	9	2	3

39

7	8	9	2	1	6	3	4	5
1	5	6	4	8	3	2	7	9
2	3	4	5	9	7	1	8	6
4	7	5	3	6	1	9	2	8
3	9	8	7	2	4	6	5	1
6	2	1	8	5	9	7	3	4
8	1	2	9	7	5	4	6	3
5	6	3	1	4	2	8	9	7
9	4	7	6	3	8	5	1	2

40

9	1	2	6	5	8	7	3	4
4	7	3	1	9	2	6	5	8
6	8	5	3	7	4	1	9	2
7	2	1	9	6	5	4	8	3
8	9	6	4	3	1	2	7	5
3	5	4	8	2	7	9	1	6
5	4	8	7	1	6	3	2	9
2	3	7	5	4	9	8	6	1
1	6	9	2	8	3	5	4	7

Solutions

41

7	4	8	1	5	2	3	9	6
3	9	1	4	7	6	2	5	8
5	2	6	3	9	8	7	4	1
6	5	2	7	4	9	8	1	3
8	7	3	6	1	5	4	2	9
4	1	9	8	2	3	6	7	5
2	3	5	9	8	4	1	6	7
1	8	4	5	6	7	9	3	2
9	6	7	2	3	1	5	8	4

42

6	2	9	8	3	1	4	5	7
4	5	3	9	6	7	2	8	1
1	7	8	2	4	5	3	9	6
2	6	7	4	5	9	1	3	8
8	3	1	7	2	6	5	4	9
9	4	5	1	8	3	7	6	2
5	8	4	6	7	2	9	1	3
3	1	2	5	9	8	6	7	4
7	9	6	3	1	4	8	2	5

43

3	7	6	8	1	5	2	9	4
2	9	8	7	6	4	1	3	5
1	4	5	3	9	2	8	7	6
6	2	3	4	5	8	9	1	7
9	1	4	6	2	7	5	8	3
8	5	7	9	3	1	4	6	2
7	6	1	5	4	9	3	2	8
4	8	2	1	7	3	6	5	9
5	3	9	2	8	6	7	4	1

44

6	1	5	8	4	9	7	2	3
9	3	2	7	6	1	4	8	5
7	4	8	2	3	5	9	6	1
2	7	9	3	5	8	6	1	4
5	8	4	1	7	6	3	9	2
3	6	1	9	2	4	8	5	7
1	5	3	6	9	7	2	4	8
8	2	6	4	1	3	5	7	9
4	9	7	5	8	2	1	3	6

45

2	1	5	3	9	6	4	8	7
6	4	3	2	8	7	9	5	1
8	7	9	4	1	5	6	2	3
1	9	2	6	7	8	5	3	4
7	8	4	5	2	3	1	6	9
5	3	6	9	4	1	2	7	8
3	6	7	1	5	4	8	9	2
4	2	8	7	6	9	3	1	5
9	5	1	8	3	2	7	4	6

46

6	1	4	7	3	8	9	5	2
7	5	8	9	6	2	3	4	1
3	9	2	5	1	4	8	6	7
5	7	1	6	4	9	2	8	3
9	2	6	8	7	3	5	1	4
8	4	3	1	2	5	7	9	6
2	8	7	4	5	6	1	3	9
4	3	9	2	8	1	6	7	5
1	6	5	3	9	7	4	2	8

47

2	6	9	3	1	4	7	8	5
7	1	3	8	5	6	2	9	4
8	4	5	2	7	9	1	3	6
3	9	1	7	2	5	6	4	8
5	2	4	6	8	1	9	7	3
6	7	8	9	4	3	5	1	2
1	5	6	4	9	8	3	2	7
9	8	7	5	3	2	4	6	1
4	3	2	1	6	7	8	5	9

48

2	7	5	8	9	3	1	6	4
3	8	1	6	4	7	5	9	2
6	4	9	5	2	1	8	3	7
9	1	7	3	8	5	4	2	6
5	6	4	2	1	9	3	7	8
8	2	3	7	6	4	9	1	5
4	9	2	1	5	6	7	8	3
7	5	6	9	3	8	2	4	1
1	3	8	4	7	2	6	5	9

Solutions

49

9	1	7	8	2	6	3	4	5
6	3	2	4	7	5	9	1	8
5	8	4	3	9	1	2	7	6
7	5	8	6	4	2	1	9	3
4	2	6	1	3	9	8	5	7
3	9	1	7	5	8	6	2	4
2	4	9	5	8	3	7	6	1
8	6	5	9	1	7	4	3	2
1	7	3	2	6	4	5	8	9

50

5	3	7	1	9	8	4	2	6
8	1	2	5	4	6	3	9	7
9	4	6	3	2	7	1	8	5
1	6	9	4	5	3	8	7	2
3	7	5	8	1	2	6	4	9
2	8	4	6	7	9	5	3	1
7	5	8	9	6	4	2	1	3
6	2	3	7	8	1	9	5	4
4	9	1	2	3	5	7	6	8

51

4	7	2	6	1	3	9	8	5
5	1	6	8	9	7	4	3	2
8	9	3	2	4	5	1	6	7
2	3	1	4	5	6	7	9	8
7	8	4	1	2	9	6	5	3
9	6	5	3	7	8	2	4	1
3	4	7	5	6	2	8	1	9
1	2	8	9	3	4	5	7	6
6	5	9	7	8	1	3	2	4

52

2	5	3	6	9	8	1	4	7
8	7	9	1	4	5	6	3	2
4	1	6	7	2	3	9	8	5
3	2	5	4	8	1	7	6	9
6	9	8	3	7	2	4	5	1
1	4	7	9	5	6	8	2	3
9	3	1	5	6	4	2	7	8
7	6	2	8	3	9	5	1	4
5	8	4	2	1	7	3	9	6

53

2	6	4	7	1	3	8	5	9
3	5	8	4	6	9	2	1	7
9	1	7	2	5	8	3	6	4
1	2	5	3	7	4	6	9	8
7	8	3	9	2	6	1	4	5
6	4	9	5	8	1	7	2	3
5	3	6	8	9	2	4	7	1
8	9	1	6	4	7	5	3	2
4	7	2	1	3	5	9	8	6

54

5	1	6	7	3	8	2	9	4
7	2	3	1	4	9	8	6	5
9	8	4	6	5	2	1	3	7
4	9	8	3	7	5	6	2	1
3	6	2	8	1	4	5	7	9
1	5	7	2	9	6	4	8	3
6	4	9	5	2	7	3	1	8
8	3	5	9	6	1	7	4	2
2	7	1	4	8	3	9	5	6

55

8	2	4	9	7	5	1	3	6
3	7	5	6	1	8	2	9	4
6	1	9	3	4	2	5	8	7
5	9	3	4	8	6	7	2	1
2	4	7	5	3	1	8	6	9
1	8	6	7	2	9	4	5	3
9	3	1	2	5	4	6	7	8
4	6	2	8	9	7	3	1	5
7	5	8	1	6	3	9	4	2

56

4	9	7	2	6	8	3	5	1
2	3	5	7	1	4	9	6	8
1	8	6	9	3	5	4	2	7
8	7	2	4	5	3	6	1	9
6	4	1	8	9	7	5	3	2
9	5	3	1	2	6	8	7	4
7	6	8	5	4	1	2	9	3
5	2	4	3	7	9	1	8	6
3	1	9	6	8	2	7	4	5

Solutions

57

8	9	7	3	1	6	2	4	5
6	5	1	2	4	7	9	8	3
2	4	3	8	9	5	1	7	6
7	3	9	4	8	2	6	5	1
4	6	8	1	5	9	7	3	2
5	1	2	6	7	3	8	9	4
1	8	6	7	3	4	5	2	9
9	7	4	5	2	1	3	6	8
3	2	5	9	6	8	4	1	7

58

4	1	5	3	8	6	2	9	7
2	3	7	9	1	4	5	6	8
9	8	6	5	7	2	3	4	1
1	9	2	4	5	7	6	8	3
7	6	3	8	2	1	9	5	4
5	4	8	6	3	9	1	7	2
3	7	9	2	4	5	8	1	6
8	5	4	1	6	3	7	2	9
6	2	1	7	9	8	4	3	5

59

3	5	9	6	2	8	4	7	1
4	6	2	5	1	7	8	3	9
1	8	7	3	9	4	2	5	6
6	3	5	2	8	9	7	1	4
9	7	1	4	5	6	3	2	8
2	4	8	1	7	3	6	9	5
5	9	3	8	4	2	1	6	7
8	1	6	7	3	5	9	4	2
7	2	4	9	6	1	5	8	3

60

2	9	3	5	4	1	6	8	7
4	7	1	6	8	9	2	5	3
8	6	5	7	2	3	1	4	9
6	5	4	8	3	7	9	1	2
9	8	7	1	5	2	3	6	4
1	3	2	4	9	6	5	7	8
7	1	9	3	6	4	8	2	5
5	2	6	9	7	8	4	3	1
3	4	8	2	1	5	7	9	6

61

4	5	8	3	9	2	7	1	6
1	3	7	6	5	8	4	2	9
6	9	2	1	4	7	8	5	3
3	6	4	9	2	5	1	7	8
5	8	1	7	6	3	9	4	2
2	7	9	4	8	1	3	6	5
7	4	5	2	3	9	6	8	1
8	1	3	5	7	6	2	9	4
9	2	6	8	1	4	5	3	7

62

3	5	7	8	1	4	2	9	6
6	1	9	5	7	2	4	3	8
2	8	4	3	9	6	7	1	5
7	2	3	9	6	5	8	4	1
1	4	8	2	3	7	5	6	9
9	6	5	4	8	1	3	2	7
8	9	6	7	2	3	1	5	4
4	3	1	6	5	8	9	7	2
5	7	2	1	4	9	6	8	3

63

6	7	9	4	3	1	5	2	8
3	4	2	9	5	8	6	7	1
1	5	8	6	7	2	4	9	3
2	8	5	1	9	3	7	6	4
4	1	3	7	2	6	9	8	5
9	6	7	8	4	5	1	3	2
8	3	6	5	1	9	2	4	7
7	2	1	3	6	4	8	5	9
5	9	4	2	8	7	3	1	6

64

5	1	3	6	4	8	2	9	7
2	6	7	9	3	1	8	4	5
9	8	4	5	7	2	6	3	1
1	3	9	8	5	7	4	6	2
6	5	8	3	2	4	7	1	9
4	7	2	1	9	6	5	8	3
3	4	1	2	8	5	9	7	6
8	9	5	7	6	3	1	2	4
7	2	6	4	1	9	3	5	8

Solutions

65

8	7	1	5	6	4	9	3	2
4	6	9	2	8	3	5	1	7
2	5	3	9	7	1	8	4	6
5	3	8	7	9	2	4	6	1
7	9	4	1	5	6	2	8	3
1	2	6	3	4	8	7	9	5
9	4	7	6	3	5	1	2	8
3	8	2	4	1	7	6	5	9
6	1	5	8	2	9	3	7	4

66

2	3	7	5	8	1	6	4	9
6	9	5	4	2	3	1	8	7
4	8	1	9	7	6	5	2	3
5	7	4	1	6	9	2	3	8
3	1	2	7	5	8	9	6	4
8	6	9	2	3	4	7	1	5
9	5	6	8	4	2	3	7	1
1	4	3	6	9	7	8	5	2
7	2	8	3	1	5	4	9	6

67

2	5	8	4	7	6	3	1	9
4	3	9	8	5	1	7	2	6
6	7	1	3	9	2	8	4	5
8	1	2	6	4	9	5	3	7
3	9	5	7	2	8	4	6	1
7	4	6	1	3	5	9	8	2
1	2	7	9	8	3	6	5	4
5	8	4	2	6	7	1	9	3
9	6	3	5	1	4	2	7	8

68

1	4	8	5	6	3	7	9	2
3	5	9	2	7	1	4	6	8
2	6	7	4	9	8	5	1	3
9	8	4	6	3	2	1	7	5
6	3	5	7	1	4	8	2	9
7	2	1	9	8	5	3	4	6
5	1	6	8	4	9	2	3	7
8	9	3	1	2	7	6	5	4
4	7	2	3	5	6	9	8	1

69

5	1	4	6	3	2	7	8	9
9	6	3	7	8	4	2	5	1
7	2	8	1	5	9	6	3	4
1	3	2	5	9	6	8	4	7
4	5	7	3	1	8	9	6	2
8	9	6	2	4	7	5	1	3
2	4	5	9	6	1	3	7	8
3	7	1	8	2	5	4	9	6
6	8	9	4	7	3	1	2	5

70

5	9	8	4	1	2	3	6	7
7	4	6	8	9	3	5	1	2
2	1	3	7	5	6	4	8	9
8	3	7	5	6	9	2	4	1
6	5	1	3	2	4	7	9	8
9	2	4	1	8	7	6	5	3
4	6	9	2	3	8	1	7	5
1	7	2	9	4	5	8	3	6
3	8	5	6	7	1	9	2	4

71

4	2	3	6	5	9	8	1	7
9	5	1	8	4	7	3	2	6
6	7	8	1	2	3	5	4	9
5	1	9	2	3	4	6	7	8
3	4	2	7	8	6	9	5	1
7	8	6	5	9	1	4	3	2
1	9	4	3	6	2	7	8	5
2	6	5	4	7	8	1	9	3
8	3	7	9	1	5	2	6	4

72

5	3	9	7	1	4	8	6	2
4	7	6	8	2	5	3	9	1
2	1	8	3	6	9	7	4	5
9	6	2	5	3	8	4	1	7
7	8	5	9	4	1	6	2	3
1	4	3	2	7	6	9	5	8
3	9	7	6	5	2	1	8	4
6	2	4	1	8	7	5	3	9
8	5	1	4	9	3	2	7	6

Solutions

73

8	7	5	9	4	1	6	2	3
6	4	9	2	3	5	1	8	7
1	3	2	8	7	6	9	4	5
2	9	1	7	8	4	3	5	6
7	5	3	6	9	2	4	1	8
4	8	6	1	5	3	7	9	2
9	6	7	5	1	8	2	3	4
5	2	4	3	6	9	8	7	1
3	1	8	4	2	7	5	6	9

74

7	3	2	4	6	1	8	5	9
6	9	5	2	8	7	3	4	1
4	1	8	5	3	9	6	2	7
5	6	7	9	4	3	1	8	2
2	4	9	1	5	8	7	6	3
3	8	1	7	2	6	4	9	5
1	5	4	8	7	2	9	3	6
8	7	3	6	9	5	2	1	4
9	2	6	3	1	4	5	7	8

75

4	9	2	7	1	6	3	5	8
1	3	5	2	8	4	9	7	6
6	7	8	5	3	9	1	4	2
5	1	4	6	7	3	2	8	9
7	6	3	9	2	8	5	1	4
8	2	9	4	5	1	6	3	7
2	5	6	3	4	7	8	9	1
3	8	7	1	9	2	4	6	5
9	4	1	8	6	5	7	2	3

76

5	7	2	1	3	6	4	9	8
6	4	1	9	8	7	5	3	2
3	9	8	4	5	2	1	6	7
4	2	9	6	7	1	8	5	3
8	3	7	5	4	9	2	1	6
1	6	5	3	2	8	7	4	9
2	5	3	7	9	4	6	8	1
7	1	4	8	6	3	9	2	5
9	8	6	2	1	5	3	7	4

77

5	2	9	1	3	4	7	8	6
4	8	1	6	9	7	3	2	5
7	3	6	8	2	5	4	1	9
1	4	3	5	7	8	9	6	2
9	7	2	3	1	6	5	4	8
6	5	8	9	4	2	1	3	7
8	6	7	4	5	3	2	9	1
3	1	5	2	8	9	6	7	4
2	9	4	7	6	1	8	5	3

78

3	6	4	7	5	8	2	9	1
7	1	8	2	6	9	3	5	4
2	5	9	3	1	4	6	8	7
9	4	2	1	8	7	5	3	6
6	7	1	5	9	3	4	2	8
8	3	5	6	4	2	1	7	9
5	9	7	4	3	6	8	1	2
1	2	6	8	7	5	9	4	3
4	8	3	9	2	1	7	6	5

79

7	4	5	3	8	1	6	9	2
1	2	8	6	5	9	7	4	3
6	9	3	7	4	2	5	8	1
4	3	2	9	6	5	1	7	8
8	7	1	2	3	4	9	6	5
5	6	9	8	1	7	2	3	4
2	8	4	1	7	6	3	5	9
3	1	6	5	9	8	4	2	7
9	5	7	4	2	3	8	1	6

80

6	1	8	5	2	9	7	3	4
4	3	9	7	8	1	5	2	6
2	7	5	4	6	3	1	8	9
3	8	2	6	9	5	4	1	7
1	4	6	2	3	7	8	9	5
9	5	7	1	4	8	3	6	2
5	6	3	9	1	4	2	7	8
8	9	4	3	7	2	6	5	1
7	2	1	8	5	6	9	4	3

Solutions

81

9	7	1	5	6	2	4	3	8
8	6	5	7	4	3	2	1	9
3	2	4	8	1	9	7	5	6
5	9	8	3	2	4	6	7	1
1	4	2	6	8	7	5	9	3
6	3	7	9	5	1	8	2	4
7	1	6	4	3	5	9	8	2
4	5	3	2	9	8	1	6	7
2	8	9	1	7	6	3	4	5

82

1	7	9	5	3	2	8	4	6
8	4	3	6	7	9	5	1	2
5	2	6	1	8	4	3	7	9
3	1	4	2	5	8	9	6	7
7	5	2	9	6	3	4	8	1
9	6	8	4	1	7	2	3	5
2	9	7	8	4	1	6	5	3
4	0	5	7	0	6	1	2	8
6	8	1	3	2	5	7	9	4

83

2	9	7	3	8	6	1	4	5
5	1	3	4	2	9	8	7	6
4	6	8	5	1	7	9	3	2
1	7	6	0	4	3	2	6	8
3	4	9	8	6	2	5	1	7
6	8	2	7	5	1	3	9	4
9	3	4	2	7	5	6	8	1
8	2	6	1	9	4	7	5	3
7	5	1	6	3	8	4	2	9

84

9	4	2	7	6	3	5	1	8
6	5	7	4	1	8	3	9	2
3	8	1	2	9	5	6	4	7
4	3	8	0	2	7	1	5	6
2	7	6	5	4	1	9	8	3
1	9	5	8	3	6	7	2	4
7	1	4	3	5	2	8	6	9
8	6	9	1	7	4	2	3	5
5	2	3	6	8	9	4	7	1

85

1	8	6	2	4	7	5	3	9
7	5	2	3	9	8	6	4	1
3	9	4	1	5	6	7	2	8
4	2	8	6	1	9	3	7	5
5	3	7	8	2	4	1	9	6
9	6	1	7	3	5	4	8	2
2	1	9	4	6	3	8	5	7
8	4	5	9	7	1	2	6	3
6	7	3	5	8	2	9	1	4

86

5	2	8	3	1	7	9	6	4
6	1	3	4	8	9	7	2	5
9	4	7	5	6	2	1	8	3
2	8	9	7	4	1	3	5	6
7	3	1	6	2	5	4	9	8
4	6	5	9	3	8	2	7	1
3	5	4	2	9	6	8	1	7
8	7	2	1	5	4	6	3	9
1	9	6	8	7	3	5	4	2

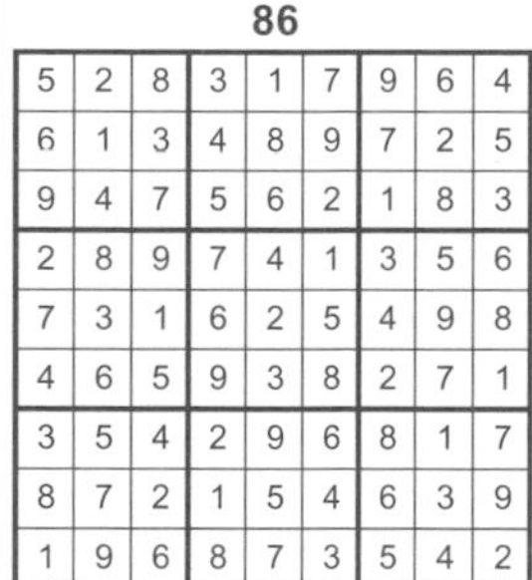

87

9	8	2	6	5	3	4	7	1
6	4	3	1	7	2	9	8	5
1	7	5	8	9	4	6	3	2
8	9	4	2	3	5	7	1	6
3	5	1	7	8	6	2	9	4
7	2	6	9	4	1	3	5	8
2	6	9	5	1	7	8	4	3
5	3	8	4	6	9	1	2	7
4	1	7	3	2	8	5	6	9

88

4	5	1	8	3	6	9	7	2
2	9	7	1	5	4	8	3	6
6	3	8	9	2	7	4	5	1
1	8	3	4	6	5	2	9	7
7	6	4	2	8	9	3	1	5
9	2	5	7	1	3	6	8	4
3	7	2	6	9	1	5	4	8
5	4	6	3	7	8	1	2	9
8	1	9	5	4	2	7	6	3

Solutions

89

6	1	5	7	2	4	8	3	9
2	4	9	8	3	5	6	1	7
8	7	3	9	6	1	5	2	4
4	3	7	2	9	6	1	8	5
1	6	8	4	5	7	2	9	3
9	5	2	3	1	8	4	7	6
3	8	1	6	4	9	7	5	2
5	9	4	1	7	2	3	6	8
7	2	6	5	8	3	9	4	1

90

3	9	4	5	8	7	2	6	1
6	5	7	3	1	2	9	8	4
2	1	8	4	6	9	7	5	3
4	6	5	1	9	3	8	7	2
1	2	3	7	5	8	6	4	9
7	8	9	6	2	4	1	3	5
5	3	6	9	7	1	4	2	8
8	4	1	2	3	6	5	9	7
9	7	2	8	4	5	3	1	6

91

7	1	9	2	5	4	8	6	3
4	8	5	1	6	3	7	9	2
2	6	3	9	7	8	1	5	4
6	2	8	4	9	5	3	1	7
3	9	4	7	2	1	6	8	5
5	7	1	3	8	6	4	2	9
9	3	6	5	1	7	2	4	8
1	5	7	8	4	2	9	3	6
8	4	2	6	3	9	5	7	1

92

1	6	5	2	9	3	4	8	7
2	4	9	8	5	7	1	6	3
3	8	7	4	6	1	5	9	2
6	3	4	1	2	8	7	5	9
8	5	1	3	7	9	6	2	4
7	9	2	5	4	6	8	3	1
5	7	6	9	1	2	3	4	8
9	1	8	6	3	4	2	7	5
4	2	3	7	8	5	9	1	6

93

2	9	7	5	8	4	3	1	6
4	3	8	2	1	6	5	7	9
6	5	1	7	9	3	8	4	2
9	4	5	6	7	1	2	3	8
1	8	3	9	2	5	7	6	4
7	6	2	4	3	8	9	5	1
3	2	6	1	5	9	4	8	7
5	1	9	8	4	7	6	2	3
8	7	4	3	6	2	1	9	5

94

8	1	7	9	4	3	6	2	5
5	2	6	7	8	1	9	4	3
9	4	3	2	5	6	1	7	8
6	7	2	5	1	9	8	3	4
1	8	5	3	6	4	7	9	2
3	9	4	8	2	7	5	1	6
2	5	9	4	7	8	3	6	1
4	3	1	6	9	5	2	8	7
7	6	8	1	3	2	4	5	9

95

4	1	6	5	3	2	9	8	7
2	5	9	7	4	8	6	1	3
8	3	7	9	6	1	4	2	5
3	6	5	1	2	9	8	7	4
1	9	8	4	7	5	2	3	6
7	2	4	3	8	6	1	5	9
6	7	3	8	1	4	5	9	2
9	4	1	2	5	7	3	6	8
5	8	2	6	9	3	7	4	1

96

2	5	1	3	4	9	6	7	8
4	6	9	7	8	5	1	2	3
8	7	3	1	2	6	4	9	5
7	4	2	9	1	3	5	8	6
6	3	5	4	7	8	9	1	2
1	9	8	5	6	2	3	4	7
5	2	4	8	3	1	7	6	9
9	8	7	6	5	4	2	3	1
3	1	6	2	9	7	8	5	4

Solutions

97

8	1	2	5	3	6	4	7	9
3	5	6	4	9	7	1	2	8
9	4	7	1	8	2	5	6	3
7	9	1	8	2	5	3	4	6
6	3	4	9	7	1	8	5	2
2	8	5	3	6	4	9	1	7
5	2	3	6	4	9	7	8	1
4	6	9	7	1	8	2	3	5
1	7	8	2	5	3	6	9	4

98

1	8	4	2	7	5	3	6	9
5	2	7	6	9	3	4	1	8
3	6	9	1	4	8	2	7	5
8	7	6	9	1	2	5	3	4
9	5	1	3	6	4	8	2	7
2	4	3	5	8	7	6	9	1
7	3	8	4	2	1	9	5	6
4	9	5	7	3	6	1	8	2
6	1	2	8	5	9	7	4	3

99

8	5	2	4	1	3	7	9	6
4	7	9	5	6	8	2	1	3
1	3	6	2	7	9	8	4	5
6	2	4	8	3	1	5	7	9
5	8	7	6	9	4	1	3	2
9	1	3	7	5	2	4	6	8
2	9	5	1	4	6	3	8	7
7	6	1	3	8	5	9	2	4
3	4	8	9	2	7	6	5	1

100

6	1	7	4	5	9	3	8	2
4	5	9	2	8	3	1	7	6
3	8	2	1	6	7	9	5	4
2	9	4	5	3	1	8	6	7
8	3	5	7	9	6	2	4	1
1	7	6	8	4	2	5	9	3
9	2	8	3	7	4	6	1	5
7	6	3	9	1	5	4	2	8
5	4	1	6	2	8	7	3	9

101

8	3	1	4	2	5	7	6	9
6	5	7	8	9	3	1	4	2
2	4	9	7	6	1	8	3	5
5	7	6	9	4	2	3	1	8
9	2	4	1	3	8	5	7	6
3	1	8	5	7	6	2	9	4
4	8	3	6	5	7	9	2	1
1	6	2	3	8	9	4	5	7
7	9	5	2	1	4	6	8	3

102

2	9	1	8	4	5	3	6	7
6	5	8	7	9	3	2	4	1
7	3	4	1	6	2	5	9	8
5	7	6	4	2	8	9	1	3
3	8	2	9	5	1	6	7	4
4	1	9	6	3	7	8	2	5
8	6	3	2	1	4	7	5	9
9	4	7	5	8	6	1	3	2
1	2	5	3	7	9	4	8	6

103

9	6	2	5	3	8	7	4	1
1	8	4	2	7	6	3	5	9
7	5	3	1	4	9	8	6	2
2	9	6	8	1	4	5	7	3
5	3	7	9	6	2	4	1	8
4	1	8	7	5	3	2	9	6
6	2	5	4	8	1	9	3	7
3	4	9	6	2	7	1	8	5
8	7	1	3	9	5	6	2	4

104

5	6	3	8	9	4	7	1	2
9	7	1	6	2	3	8	5	4
8	2	4	5	1	7	9	6	3
4	5	7	9	3	2	6	8	1
3	9	8	1	5	6	2	4	7
2	1	6	4	7	8	5	3	9
7	4	9	3	6	5	1	2	8
6	8	2	7	4	1	3	9	5
1	3	5	2	8	9	4	7	6

Solutions

105

6	7	8	3	4	1	5	9	2
5	3	1	2	9	8	6	7	4
4	9	2	6	7	5	8	3	1
9	2	6	7	8	3	4	1	5
3	1	4	5	6	9	2	8	7
8	5	7	1	2	4	3	6	9
1	4	3	9	5	6	7	2	8
7	8	9	4	3	2	1	5	6
2	6	5	8	1	7	9	4	3

106

4	1	6	5	9	2	3	7	8
8	7	5	6	4	3	1	9	2
9	3	2	8	7	1	4	5	6
5	8	9	7	1	6	2	4	3
1	2	4	9	3	8	7	6	5
3	6	7	4	2	5	9	8	1
2	9	8	3	5	4	6	1	7
6	4	3	1	8	7	5	2	9
7	5	1	2	6	9	8	3	4

107

2	6	7	5	4	9	1	3	8
1	5	4	3	8	2	6	9	7
8	9	3	1	6	7	2	5	4
6	4	2	8	1	3	5	7	9
7	3	5	2	9	6	8	4	1
9	8	1	4	7	5	3	6	2
3	7	8	6	2	4	9	1	5
4	2	6	9	5	1	7	8	3
5	1	9	7	3	8	4	2	6

108

8	2	4	7	6	3	9	1	5
5	1	7	8	4	9	3	2	6
9	6	3	5	2	1	8	7	4
4	5	6	3	7	2	1	9	8
1	8	2	9	5	6	4	3	7
3	7	9	4	1	8	5	6	2
2	3	5	1	8	7	6	4	9
7	4	1	6	9	5	2	8	3
6	9	8	2	3	4	7	5	1

109

5	9	6	8	1	4	3	2	7
1	8	2	7	3	6	9	5	4
7	4	3	2	9	5	1	8	6
3	6	4	5	8	2	7	1	9
8	5	1	9	7	3	4	6	2
9	2	7	6	4	1	8	3	5
6	3	9	1	5	7	2	4	8
2	1	8	4	6	9	5	7	3
4	7	5	3	2	8	6	9	1

110

6	9	5	2	3	8	1	4	7
1	2	7	4	6	5	3	8	9
4	8	3	9	1	7	6	5	2
9	6	4	3	7	1	8	2	5
7	3	2	5	8	9	4	6	1
5	1	8	6	4	2	7	9	3
3	5	6	7	2	4	9	1	8
2	7	1	8	9	6	5	3	4
8	4	9	1	5	3	2	7	6

111

3	4	8	5	2	1	7	6	9
2	1	5	6	9	7	4	8	3
9	7	6	8	3	4	1	5	2
8	3	1	7	5	2	9	4	6
5	2	7	4	6	9	3	1	8
6	9	4	1	8	3	2	7	5
1	8	2	9	7	5	6	3	4
7	5	9	3	4	6	8	2	1
4	6	3	2	1	8	5	9	7

112

6	1	2	4	9	8	3	5	7
8	4	9	7	3	5	2	6	1
5	7	3	1	2	6	9	8	4
2	8	1	5	4	9	7	3	6
3	6	7	8	1	2	4	9	5
9	5	4	6	7	3	1	2	8
7	2	6	9	8	1	5	4	3
1	9	8	3	5	4	6	7	2
4	3	5	2	6	7	8	1	9

Solutions

113

2	5	3	8	1	6	9	7	4
6	7	4	5	3	9	2	1	8
9	1	8	2	4	7	3	6	5
8	6	9	4	7	2	1	5	3
4	2	7	1	5	3	8	9	6
5	3	1	9	6	8	7	4	2
3	4	5	7	2	1	6	8	9
1	8	6	3	9	5	4	2	7
7	9	2	6	8	4	5	3	1

114

8	9	6	1	2	7	3	4	5
3	4	5	9	8	6	1	7	2
2	1	7	3	5	4	8	9	6
7	2	1	5	4	3	6	8	9
6	8	9	2	7	1	5	3	4
5	3	4	8	6	9	2	1	7
4	5	3	6	9	8	7	2	1
1	7	2	4	3	5	9	6	8
9	6	8	7	1	2	4	5	3

115

6	2	8	4	3	5	9	7	1
4	1	9	2	8	7	6	3	5
5	3	7	6	1	9	4	2	8
2	4	6	8	7	1	5	9	3
1	9	5	3	4	2	8	6	7
7	8	3	5	9	6	1	4	2
9	6	2	7	5	8	3	1	4
8	7	4	1	6	3	2	5	9
3	5	1	9	2	4	7	8	6

116

1	6	8	2	3	7	4	5	9
2	3	5	9	1	4	6	7	8
4	7	9	8	5	6	1	3	2
9	5	6	3	8	1	7	2	4
7	8	2	4	6	5	3	9	1
3	4	1	7	9	2	5	8	6
5	2	7	6	4	9	8	1	3
8	9	4	1	7	3	2	6	5
6	1	3	5	2	8	9	4	7

117

8	9	5	3	4	1	6	2	7
2	1	7	9	5	6	8	3	4
6	3	4	8	2	7	5	1	9
9	2	6	4	7	3	1	5	8
5	4	8	6	1	2	7	9	3
3	7	1	5	8	9	2	4	6
1	8	3	2	6	4	9	7	5
7	5	9	1	3	8	4	6	2
4	6	2	7	9	5	3	8	1

118

2	3	1	4	6	7	8	5	9
9	5	8	1	3	2	6	4	7
4	7	6	9	5	8	2	3	1
8	9	2	7	1	5	4	6	3
5	1	3	6	9	4	7	8	2
6	4	7	2	8	3	1	9	5
7	8	5	3	2	6	9	1	4
1	6	4	5	7	9	3	2	8
3	2	9	8	4	1	5	7	6

119

3	5	9	1	6	8	7	2	4
7	2	8	4	3	5	1	9	6
6	1	4	7	2	9	3	5	8
2	6	1	8	9	7	4	3	5
5	4	3	2	1	6	9	8	7
8	9	7	3	5	4	6	1	2
4	8	5	9	7	3	2	6	1
1	3	6	5	4	2	8	7	9
9	7	2	6	8	1	5	4	3

120

7	3	5	4	9	1	6	2	8
8	9	2	3	7	6	1	5	4
4	1	6	2	8	5	3	9	7
1	5	9	8	6	4	2	7	3
6	8	3	5	2	7	9	4	1
2	7	4	1	3	9	8	6	5
3	6	8	7	5	2	4	1	9
5	2	1	9	4	3	7	8	6
9	4	7	6	1	8	5	3	2

Solutions

121

9	3	4	6	8	7	5	2	1
1	2	8	9	5	4	6	3	7
6	5	7	1	2	3	9	4	8
4	9	5	3	6	1	8	7	2
8	6	2	7	4	5	1	9	3
7	1	3	2	9	8	4	5	6
3	7	6	5	1	9	2	8	4
2	8	9	4	7	6	3	1	5
5	4	1	8	3	2	7	6	9

122

9	3	7	8	1	4	6	2	5
1	8	5	2	3	6	7	4	9
2	4	6	7	9	5	1	8	3
6	2	4	5	8	1	3	9	7
3	7	9	4	6	2	8	5	1
5	1	8	3	7	9	4	6	2
8	5	3	9	4	7	2	1	6
4	9	1	6	2	3	5	7	8
7	6	2	1	5	8	9	3	4

123

4	2	9	3	8	5	6	7	1
7	8	3	2	6	1	5	4	9
5	6	1	9	7	4	3	2	8
2	1	5	4	9	8	7	3	6
8	3	7	6	1	2	9	5	4
9	4	6	7	5	3	1	8	2
1	9	4	8	3	7	2	6	5
3	5	2	1	4	6	8	9	7
6	7	8	5	2	9	4	1	3

124

9	4	5	7	2	6	8	3	1
8	1	2	4	3	9	7	6	5
3	7	6	5	1	8	9	4	2
4	5	1	8	7	2	3	9	6
7	6	3	1	9	4	2	5	8
2	9	8	6	5	3	1	7	4
1	2	4	3	6	7	5	8	9
6	3	9	2	8	5	4	1	7
5	8	7	9	4	1	6	2	3

125

6	2	1	9	4	8	5	7	3
3	5	7	2	6	1	8	4	9
8	4	9	5	3	7	1	2	6
1	7	6	3	2	5	4	9	8
2	9	5	8	1	4	6	3	7
4	8	3	6	7	9	2	5	1
5	3	2	1	9	6	7	8	4
7	1	8	4	5	3	9	6	2
9	6	4	7	8	2	3	1	5

126

1	7	8	5	4	2	6	9	3
4	3	5	6	9	1	7	2	8
2	9	6	3	7	8	4	1	5
7	6	1	4	8	3	2	5	9
9	5	3	7	2	6	1	8	4
8	4	2	9	1	5	3	6	7
6	2	4	8	5	7	9	3	1
5	1	9	2	3	4	8	7	6
3	8	7	1	6	9	5	4	2

127

4	9	7	6	5	8	2	1	3
6	2	8	7	1	3	9	4	5
5	3	1	2	4	9	6	8	7
7	4	5	9	8	2	3	6	1
3	1	9	5	6	7	4	2	8
2	8	6	4	3	1	5	7	9
9	7	3	1	2	4	8	5	6
1	6	4	8	9	5	7	3	2
8	5	2	3	7	6	1	9	4

128

7	4	6	1	2	3	9	8	5
3	2	8	9	7	5	4	1	6
9	1	5	4	8	6	7	2	3
5	8	4	7	6	2	1	3	9
1	6	3	8	4	9	2	5	7
2	9	7	3	5	1	8	6	4
8	3	1	5	9	4	6	7	2
6	5	9	2	1	7	3	4	8
4	7	2	6	3	8	5	9	1

Solutions

129

9	7	5	8	6	4	2	1	3
3	4	1	5	9	2	7	6	8
2	6	8	7	1	3	4	5	9
8	9	6	1	3	7	5	4	2
4	5	2	9	8	6	1	3	7
1	3	7	4	2	5	8	9	6
5	2	4	3	7	9	6	8	1
6	8	9	2	5	1	3	7	4
7	1	3	6	4	8	9	2	5

130

4	9	1	6	7	5	8	2	3
7	2	6	3	8	9	4	1	5
8	3	5	4	2	1	9	7	6
9	6	2	8	3	7	1	5	4
5	4	7	9	1	2	6	3	8
1	8	3	5	4	6	2	9	7
6	7	8	1	9	3	5	4	2
3	5	9	2	6	4	7	8	1
2	1	4	7	5	8	3	6	9

131

4	7	8	3	6	9	5	2	1
6	5	9	7	1	2	8	4	3
1	2	3	4	5	8	6	9	7
3	8	6	2	7	1	4	5	9
2	1	7	9	4	5	3	8	6
5	9	4	8	3	6	1	7	2
7	4	5	6	2	3	9	1	8
9	3	2	1	8	4	7	6	5
8	6	1	5	9	7	2	3	4

132

6	9	2	8	7	4	5	3	1
1	3	8	6	2	5	9	4	7
4	5	7	3	9	1	6	2	8
3	2	1	4	6	9	8	7	5
9	6	4	5	8	7	2	1	3
7	8	5	1	3	2	4	9	6
8	4	9	7	1	6	3	5	2
5	1	6	2	4	3	7	8	9
2	7	3	9	5	8	1	6	4

133

7	1	9	8	3	2	6	4	5
5	2	3	6	1	4	7	8	9
4	6	8	5	7	9	2	3	1
6	9	7	4	2	3	5	1	8
3	5	2	1	9	8	4	6	7
8	4	1	7	6	5	3	9	2
2	7	4	3	8	1	9	5	6
9	8	5	2	4	6	1	7	3
1	3	6	9	5	7	8	2	4

134

2	3	7	6	5	1	8	9	4
9	5	4	2	8	7	1	6	3
6	8	1	9	3	4	2	5	7
4	2	9	1	6	8	3	7	5
8	1	3	7	9	5	6	4	2
5	7	6	4	2	3	9	1	8
3	4	8	5	1	6	7	2	9
1	9	5	3	7	2	4	8	6
7	6	2	8	4	9	5	3	1

135

1	9	2	4	7	6	3	5	8
3	7	5	1	8	2	9	6	4
4	8	6	3	9	5	1	7	2
6	1	7	9	2	3	8	4	5
9	4	8	7	5	1	2	3	6
5	2	3	8	6	4	7	1	9
8	3	9	6	4	7	5	2	1
7	5	4	2	1	9	6	8	3
2	6	1	5	3	8	4	9	7

136

1	2	4	8	9	6	5	3	7
7	9	3	1	5	2	4	8	6
5	6	8	3	4	7	9	1	2
8	5	7	6	1	9	2	4	3
3	1	6	2	8	4	7	5	9
9	4	2	7	3	5	1	6	8
4	7	9	5	6	8	3	2	1
6	3	5	9	2	1	8	7	4
2	8	1	4	7	3	6	9	5

Solutions

137

8	7	3	4	5	6	2	9	1
6	9	1	3	2	8	4	7	5
5	4	2	7	1	9	6	3	8
7	5	6	8	9	4	3	1	2
2	8	4	1	3	7	5	6	9
1	3	9	5	6	2	8	4	7
9	6	7	2	8	3	1	5	4
4	1	8	6	7	5	9	2	3
3	2	5	9	4	1	7	8	6

138

4	5	9	1	3	8	2	7	6
8	6	1	7	5	2	4	3	9
2	3	7	9	6	4	5	1	8
7	9	2	8	1	6	3	4	5
5	8	6	4	7	3	9	2	1
1	4	3	2	9	5	6	8	7
3	7	8	5	4	9	1	6	2
6	2	5	3	8	1	7	9	4
9	1	4	6	2	7	8	5	3

139

9	7	1	3	8	5	2	6	4
3	6	5	2	4	7	9	1	8
4	2	8	9	6	1	7	5	3
5	8	7	6	3	4	1	9	2
2	4	3	1	5	9	8	7	6
1	9	6	8	7	2	3	4	5
6	1	9	5	2	8	4	3	7
8	5	4	7	9	3	6	2	1
7	3	2	4	1	6	5	8	9

140

7	6	9	1	4	5	2	3	8
2	8	1	3	9	6	5	4	7
3	5	4	2	8	7	6	1	9
1	2	7	5	6	9	4	8	3
5	4	6	8	7	3	1	9	2
9	3	8	4	1	2	7	5	6
4	9	2	7	5	8	3	6	1
8	7	5	6	3	1	9	2	4
6	1	3	9	2	4	8	7	5

141

4	8	5	2	6	9	1	7	3
7	6	9	1	3	5	2	4	8
3	1	2	8	7	4	9	6	5
8	5	7	3	9	2	4	1	6
6	4	1	7	5	8	3	9	2
9	2	3	6	4	1	8	5	7
5	3	4	9	2	7	6	8	1
2	7	8	4	1	6	5	3	9
1	9	6	5	8	3	7	2	4

142

6	8	1	7	9	4	3	2	5
3	4	9	2	5	8	6	7	1
5	7	2	1	3	6	9	4	8
1	3	8	5	4	7	2	6	9
9	2	6	3	8	1	4	5	7
4	5	7	9	6	2	8	1	3
8	6	5	4	7	3	1	9	2
7	1	3	6	2	9	5	8	4
2	9	4	8	1	5	7	3	6

143

3	9	1	2	8	7	4	6	5
7	8	6	5	1	4	2	9	3
2	4	5	6	3	9	8	1	7
8	7	2	1	5	6	3	4	9
1	5	9	4	7	3	6	2	8
6	3	4	9	2	8	5	7	1
5	1	7	8	4	2	9	3	6
9	2	3	7	6	5	1	8	4
4	6	8	3	9	1	7	5	2

144

9	4	2	7	1	6	8	3	5
6	3	7	4	5	8	1	2	9
5	8	1	3	9	2	4	7	6
7	1	4	6	3	5	9	8	2
3	2	5	9	8	4	6	1	7
8	6	9	1	2	7	3	5	4
4	7	8	2	6	1	5	9	3
2	5	3	8	4	9	7	6	1
1	9	6	5	7	3	2	4	8

Solutions

145

6	1	3	4	7	5	9	8	2
9	4	8	3	2	1	7	5	6
7	2	5	6	9	8	1	3	4
3	7	9	2	1	6	8	4	5
2	8	1	5	4	7	3	6	9
4	5	6	8	3	9	2	1	7
8	6	2	9	5	3	4	7	1
5	9	7	1	8	4	6	2	3
1	3	4	7	6	2	5	9	8

146

4	5	3	6	8	1	2	9	7
7	2	1	9	4	5	6	8	3
6	9	8	3	7	2	4	5	1
9	6	5	2	1	7	3	4	8
1	4	7	8	9	3	5	2	6
3	8	2	5	6	4	1	7	9
2	7	6	1	5	9	8	3	4
8	3	4	7	2	6	9	1	5
5	1	9	4	3	8	7	6	2

147

4	3	2	7	9	6	5	8	1
1	5	7	4	8	3	2	9	6
6	9	8	1	2	5	3	4	7
2	1	3	5	4	8	6	7	9
8	4	6	3	7	9	1	5	2
5	7	9	6	1	2	4	3	8
7	8	4	2	5	1	9	6	3
9	6	1	8	3	4	7	2	5
3	2	5	9	6	7	8	1	4

148

6	8	7	2	3	5	1	9	4
3	1	2	9	7	4	5	8	6
5	9	4	8	6	1	2	3	7
8	4	6	1	9	7	3	5	2
1	7	9	3	5	2	6	4	8
2	5	3	6	4	8	9	7	1
9	3	1	4	8	6	7	2	5
4	6	5	7	2	3	8	1	9
7	2	8	5	1	9	4	6	3

149

4	6	9	8	1	7	3	5	2
5	7	3	4	9	2	8	1	6
8	1	2	6	5	3	9	4	7
1	9	8	5	3	6	2	7	4
2	4	7	9	8	1	6	3	5
6	3	5	7	2	4	1	9	8
7	2	4	3	6	9	5	8	1
9	8	1	2	4	5	7	6	3
3	5	6	1	7	8	4	2	9

150

7	2	5	3	8	4	9	1	6
8	3	1	9	7	6	2	5	4
4	9	6	2	1	5	7	3	8
9	6	7	4	2	3	1	8	5
2	1	8	5	6	7	3	4	9
3	5	4	8	9	1	6	2	7
6	7	3	1	4	8	5	9	2
1	8	9	6	5	2	4	7	3
5	4	2	7	3	9	8	6	1

151

8	1	4	7	5	9	2	3	6
6	2	9	4	3	1	5	8	7
3	7	5	8	6	2	4	1	9
2	8	6	5	9	3	1	7	4
5	3	1	6	4	7	9	2	8
9	4	7	1	2	8	6	5	3
7	9	2	3	1	4	8	6	5
1	5	8	9	7	6	3	4	2
4	6	3	2	8	5	7	9	1

152

9	6	1	2	3	7	5	4	8
7	4	3	5	8	1	9	6	2
8	5	2	6	9	4	7	3	1
4	7	6	8	2	5	1	9	3
2	9	8	1	4	3	6	5	7
1	3	5	9	7	6	2	8	4
3	1	9	7	5	8	4	2	6
5	8	7	4	6	2	3	1	9
6	2	4	3	1	9	8	7	5

Solutions

153

8	6	2	4	1	7	5	3	9
1	3	7	9	5	6	4	2	8
4	5	9	8	2	3	6	7	1
2	8	5	6	7	4	9	1	3
6	7	3	1	9	8	2	4	5
9	1	4	2	3	5	8	6	7
7	4	6	5	8	1	3	9	2
5	2	1	3	6	9	7	8	4
3	9	8	7	4	2	1	5	6

154

9	7	3	4	2	6	5	1	8
8	2	1	5	9	7	4	3	6
6	4	5	3	8	1	7	2	9
1	9	6	2	7	4	8	5	3
5	8	7	9	1	3	2	6	4
4	3	2	6	5	8	1	9	7
7	5	8	1	3	9	6	4	2
3	1	4	7	6	2	9	8	5
2	6	9	8	4	5	3	7	1

155

8	3	6	7	4	5	2	1	9
2	9	4	1	3	6	8	5	7
5	1	7	8	2	9	3	4	6
4	7	3	5	9	2	1	6	8
1	8	2	4	6	7	9	3	5
9	6	5	3	8	1	7	2	4
6	4	1	2	7	8	5	9	3
3	2	8	9	5	4	6	7	1
7	5	9	6	1	3	4	8	2

156

2	3	9	8	7	4	5	1	6
4	8	7	1	5	6	3	9	2
6	1	5	9	2	3	7	4	8
8	5	1	4	6	7	9	2	3
3	4	6	2	1	9	8	5	7
9	7	2	3	8	5	1	6	4
5	2	3	6	9	8	4	7	1
1	9	8	7	4	2	6	3	5
7	6	4	5	3	1	2	8	9

157

8	7	4	2	3	1	5	9	6
5	2	6	9	4	8	1	3	7
1	3	9	5	7	6	4	8	2
2	9	7	3	5	4	8	6	1
4	1	5	8	6	7	3	2	9
6	8	3	1	9	2	7	4	5
7	5	8	6	2	3	9	1	4
3	4	2	7	1	9	6	5	8
9	6	1	4	8	5	2	7	3

158

3	4	2	6	9	5	1	7	8
8	6	5	1	4	7	2	9	3
9	1	7	8	3	2	4	5	6
5	9	6	2	7	8	3	4	1
7	3	4	9	6	1	8	2	5
2	8	1	4	5	3	7	6	9
1	7	8	5	2	9	6	3	4
6	2	9	3	8	4	5	1	7
4	5	3	7	1	6	9	8	2

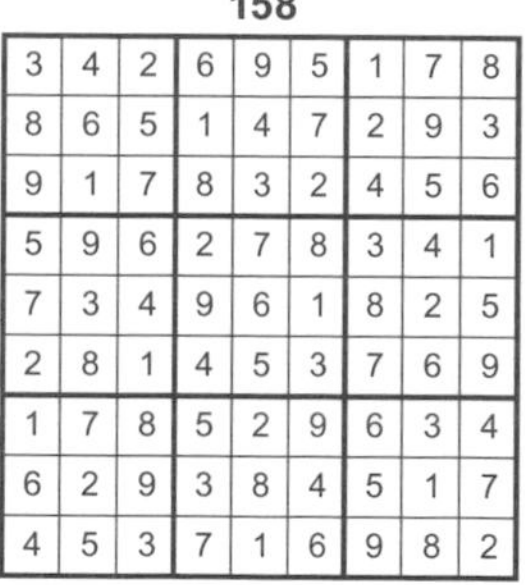

159

5	1	8	7	3	9	4	6	2
7	9	4	1	6	2	5	8	3
2	6	3	5	4	8	9	7	1
6	3	1	9	8	5	2	4	7
9	4	2	6	1	7	3	5	8
8	7	5	3	2	4	1	9	6
4	8	7	2	9	3	6	1	5
3	5	6	4	7	1	8	2	9
1	2	9	8	5	6	7	3	4

160

2	9	3	1	4	8	7	5	6
7	4	6	5	2	9	8	3	1
5	1	8	7	6	3	2	9	4
4	6	2	8	5	1	9	7	3
1	8	7	9	3	6	5	4	2
9	3	5	2	7	4	6	1	8
8	2	1	3	9	5	4	6	7
6	7	9	4	1	2	3	8	5
3	5	4	6	8	7	1	2	9

Solutions

161

1	8	3	2	9	4	6	7	5
4	9	7	8	6	5	2	1	3
5	2	6	1	3	7	8	4	9
8	3	5	7	1	9	4	6	2
7	6	4	5	2	3	1	9	8
2	1	9	4	8	6	5	3	7
9	5	2	3	4	1	7	8	6
6	4	8	9	7	2	3	5	1
3	7	1	6	5	8	9	2	4

162

4	3	5	6	2	1	8	7	9
6	9	2	8	4	7	1	5	3
7	8	1	5	3	9	4	6	2
2	4	7	3	5	8	6	9	1
3	1	9	7	6	4	2	8	5
8	5	6	1	9	2	3	4	7
1	6	4	9	7	3	5	2	8
5	7	8	2	1	6	9	3	4
9	2	3	4	8	5	7	1	6

163

3	2	7	4	6	9	1	5	8
5	4	9	1	7	8	2	3	6
8	1	6	2	3	5	9	7	4
6	5	4	7	2	3	8	1	9
2	7	1	9	8	6	5	4	3
9	8	3	5	1	4	6	2	7
7	6	5	3	9	2	4	8	1
1	9	2	8	4	7	3	6	5
4	3	8	6	5	1	7	9	2

164

2	1	5	8	9	4	6	3	7
7	4	3	5	6	2	9	1	8
8	6	9	3	1	7	2	5	4
1	5	7	6	2	3	4	8	9
6	8	2	9	4	5	3	7	1
3	9	4	1	7	8	5	2	6
4	2	6	7	3	1	8	9	5
9	7	8	2	5	6	1	4	3
5	3	1	4	8	9	7	6	2

165

3	4	1	2	9	7	6	5	8
8	6	2	1	4	5	9	3	7
5	7	9	3	8	6	1	2	4
9	8	6	5	1	4	2	7	3
7	2	3	8	6	9	5	4	1
1	5	4	7	2	3	8	6	9
4	1	5	6	3	8	7	9	2
2	3	7	9	5	1	4	8	6
6	9	8	4	7	2	3	1	5

166

6	3	2	4	8	1	9	5	7
8	4	1	5	9	7	2	6	3
7	5	9	6	2	3	4	1	8
3	7	5	1	6	9	8	2	4
2	9	6	8	5	4	7	3	1
1	8	4	3	7	2	5	9	6
4	6	8	9	1	5	3	7	2
9	1	7	2	3	8	6	4	5
5	2	3	7	4	6	1	8	9

167

3	2	5	4	9	8	7	1	6
8	6	9	7	1	3	5	2	4
1	4	7	6	5	2	3	9	8
5	3	1	2	8	4	6	7	9
2	9	8	5	6	7	4	3	1
4	7	6	1	3	9	8	5	2
9	5	2	8	7	6	1	4	3
6	1	3	9	4	5	2	8	7
7	8	4	3	2	1	9	6	5

168

6	3	2	7	9	1	8	5	4
1	4	7	2	8	5	3	9	6
5	9	8	6	3	4	7	1	2
8	2	4	9	1	7	5	6	3
3	6	5	8	4	2	1	7	9
9	7	1	5	6	3	4	2	8
7	5	9	4	2	8	6	3	1
2	8	3	1	5	6	9	4	7
4	1	6	3	7	9	2	8	5

Solutions

169

9	3	2	4	7	1	5	8	6
4	5	6	8	2	9	7	1	3
8	1	7	3	6	5	4	2	9
5	7	3	1	9	8	2	6	4
6	8	9	2	4	3	1	5	7
2	4	1	6	5	7	3	9	8
7	9	4	5	8	2	6	3	1
3	2	8	7	1	6	9	4	5
1	6	5	9	3	4	8	7	2

170

8	4	9	3	2	6	5	7	1
7	5	6	8	9	1	3	2	4
2	1	3	7	4	5	9	6	8
3	6	2	1	5	4	8	9	7
5	8	4	9	3	7	2	1	6
9	7	1	2	6	8	4	5	3
6	9	8	5	1	3	7	4	2
4	3	5	6	7	2	1	8	9
1	2	7	4	8	9	6	3	5

171

2	9	3	1	7	5	4	8	6
7	6	8	4	2	9	5	3	1
4	1	5	8	3	6	2	7	9
1	4	2	3	8	7	9	6	5
8	7	6	9	5	4	1	2	3
5	3	9	2	6	1	7	4	8
6	5	1	7	4	3	8	9	2
9	8	4	6	1	2	3	5	7
3	2	7	5	9	8	6	1	4

172

3	5	4	2	8	9	7	6	1
9	1	8	5	7	6	3	4	2
6	7	2	4	3	1	9	5	8
4	2	1	8	5	7	6	3	9
7	6	5	9	1	3	2	8	4
8	9	3	6	2	4	1	7	5
2	4	7	1	6	8	5	9	3
5	8	6	3	9	2	4	1	7
1	3	9	7	4	5	8	2	6

173

5	7	3	2	9	8	1	4	6
6	2	1	3	7	4	8	9	5
8	9	4	5	1	6	3	2	7
2	3	5	4	6	7	9	1	8
4	1	9	8	2	5	6	7	3
7	6	8	9	3	1	4	5	2
3	5	7	6	4	9	2	8	1
9	8	2	1	5	3	7	6	4
1	4	6	7	8	2	5	3	9

174

4	8	3	9	1	5	6	2	7
2	9	6	8	3	7	1	5	4
5	7	1	4	6	2	3	8	9
8	6	4	2	5	9	7	3	1
3	1	2	6	7	4	8	9	5
9	5	7	1	8	3	2	4	6
7	3	9	5	2	6	4	1	8
1	2	5	7	4	8	9	6	3
6	4	8	3	9	1	5	7	2

175

7	8	1	5	2	4	6	9	3
6	5	9	7	8	3	2	4	1
2	3	4	6	9	1	8	7	5
8	7	2	4	1	6	5	3	9
9	4	3	8	5	7	1	2	6
1	6	5	2	3	9	7	8	4
5	2	6	3	4	8	9	1	7
3	9	7	1	6	2	4	5	8
4	1	8	9	7	5	3	6	2

176

1	8	5	4	7	3	9	6	2
3	9	6	1	2	5	7	4	8
4	7	2	6	9	8	5	1	3
2	1	8	5	3	7	4	9	6
6	3	7	9	8	4	1	2	5
9	5	4	2	6	1	8	3	7
8	4	9	3	5	2	6	7	1
5	2	1	7	4	6	3	8	9
7	6	3	8	1	9	2	5	4

Solutions

177

2	1	6	9	8	5	7	4	3
3	7	5	6	4	1	2	9	8
9	4	8	2	7	3	5	1	6
4	5	9	3	2	8	1	6	7
7	2	3	5	1	6	9	8	4
6	8	1	7	9	4	3	2	5
8	9	7	4	5	2	6	3	1
5	6	4	1	3	9	8	7	2
1	3	2	8	6	7	4	5	9

178

4	2	8	5	3	1	7	9	6
7	6	5	9	4	2	1	8	3
9	1	3	7	6	8	4	5	2
8	9	2	4	5	6	3	7	1
5	4	7	1	8	3	6	2	9
6	3	1	2	9	7	5	4	8
3	7	9	8	1	4	2	6	5
2	8	6	3	7	5	9	1	4
1	5	4	6	2	9	8	3	7

179

2	6	3	5	7	9	8	4	1
1	8	5	4	2	6	7	9	3
9	4	7	1	8	3	5	6	2
3	5	4	7	1	2	6	8	9
6	1	8	9	5	4	2	3	7
7	9	2	3	6	8	1	5	4
8	3	6	2	4	1	9	7	5
5	2	9	6	3	7	4	1	8
4	7	1	8	9	5	3	2	6

180

3	1	7	8	5	9	6	2	4
9	5	2	4	6	7	1	3	8
6	4	8	2	3	1	9	7	5
7	2	5	9	8	4	3	1	6
8	6	9	1	7	3	5	4	2
1	3	4	5	2	6	8	9	7
4	7	3	6	9	8	2	5	1
2	9	6	7	1	5	4	8	3
5	8	1	3	4	2	7	6	9

181

4	3	7	2	5	8	9	6	1
6	8	5	1	4	9	2	3	7
9	1	2	6	7	3	5	8	4
1	6	3	4	8	5	7	2	9
5	9	4	7	3	2	6	1	8
7	2	8	9	1	6	3	4	5
8	5	1	3	6	7	4	9	2
2	7	6	8	9	4	1	5	3
3	4	9	5	2	1	8	7	6

182

3	7	2	4	6	1	8	9	5
5	8	1	3	2	9	4	6	7
4	9	6	5	7	8	2	1	3
7	1	9	2	4	6	5	3	8
8	2	3	1	9	5	7	4	6
6	4	5	8	3	7	9	2	1
2	5	7	6	1	4	3	8	9
1	3	8	9	5	2	6	7	4
9	6	4	7	8	3	1	5	2

183

8	2	7	5	9	3	6	4	1
4	6	5	1	2	8	3	9	7
9	3	1	4	6	7	8	5	2
2	8	4	9	1	6	5	7	3
6	5	3	8	7	2	9	1	4
1	7	9	3	5	4	2	6	8
3	1	6	7	8	9	4	2	5
7	4	2	6	3	5	1	8	9
5	9	8	2	4	1	7	3	6

184

7	2	6	9	8	1	5	3	4
8	4	1	3	5	6	7	9	2
3	9	5	4	2	7	1	8	6
2	1	8	6	3	4	9	5	7
9	3	4	1	7	5	2	6	8
6	5	7	2	9	8	3	4	1
5	8	2	7	4	9	6	1	3
1	7	9	8	6	3	4	2	5
4	6	3	5	1	2	8	7	9

Solutions

185

8	7	2	9	5	4	3	1	6
4	9	6	1	3	8	7	5	2
5	1	3	7	2	6	4	9	8
7	2	9	4	1	5	8	6	3
3	4	1	6	8	9	5	2	7
6	5	8	3	7	2	9	4	1
2	8	7	5	4	1	6	3	9
1	6	4	8	9	3	2	7	5
9	3	5	2	6	7	1	8	4

186

5	4	6	7	3	2	8	1	9
7	8	1	6	9	5	4	3	2
2	3	9	4	8	1	5	6	7
8	1	3	2	5	6	7	9	4
6	5	4	9	7	3	1	2	8
9	2	7	8	1	4	3	5	6
3	7	8	5	6	9	2	4	1
1	9	2	3	4	8	6	7	5
4	6	5	1	2	7	9	8	3

187

5	9	2	4	6	1	8	7	3
7	1	3	5	9	8	2	4	6
8	4	6	3	7	2	5	1	9
3	8	4	9	1	7	6	2	5
2	5	9	6	8	4	1	3	7
6	7	1	2	3	5	9	8	4
1	3	8	7	5	6	4	9	2
9	2	5	8	4	3	7	6	1
4	6	7	1	2	9	3	5	8

188

3	5	6	8	9	7	4	1	2
2	9	8	5	4	1	7	6	3
7	4	1	2	3	6	8	9	5
5	6	4	9	7	3	2	8	1
9	8	2	4	1	5	3	7	6
1	7	3	6	2	8	9	5	4
6	1	9	3	8	4	5	2	7
4	2	7	1	5	9	6	3	8
8	3	5	7	6	2	1	4	9

189

1	9	4	8	7	5	3	2	6
8	2	5	6	3	1	4	9	7
3	7	6	9	4	2	1	8	5
2	1	7	5	8	9	6	3	4
6	3	9	4	2	7	8	5	1
4	5	8	1	6	3	9	7	2
7	4	3	2	9	6	5	1	8
9	6	1	7	5	8	2	4	3
5	8	2	3	1	4	7	6	9

190

8	3	4	6	2	9	5	7	1
1	5	6	3	8	7	9	4	2
2	7	9	5	1	4	3	6	8
6	4	5	2	9	1	7	8	3
3	2	1	7	6	8	4	5	9
7	9	8	4	5	3	2	1	6
9	8	7	1	4	2	6	3	5
4	6	2	8	3	5	1	9	7
5	1	3	9	7	6	8	2	4

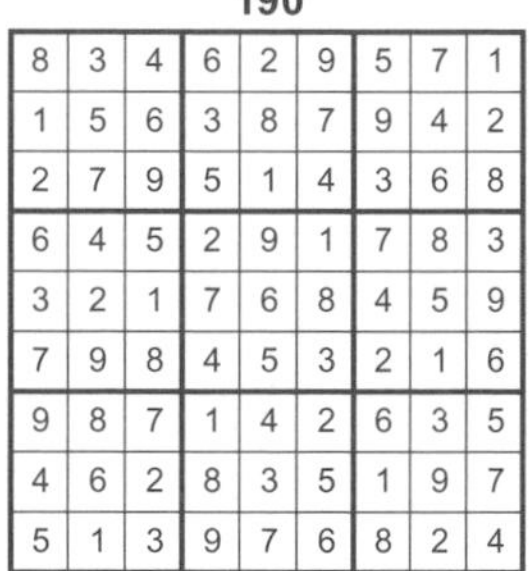

191

7	4	2	9	6	8	5	1	3
6	1	3	2	7	5	4	9	8
5	8	9	1	3	4	2	6	7
9	2	6	8	5	1	3	7	4
4	7	8	3	2	6	1	5	9
3	5	1	7	4	9	8	2	6
1	9	5	4	8	7	6	3	2
8	3	7	6	1	2	9	4	5
2	6	4	5	9	3	7	8	1

192

2	3	5	8	9	7	4	6	1
6	1	7	4	3	5	9	2	8
9	8	4	6	2	1	3	7	5
7	9	2	1	5	6	8	4	3
8	5	6	3	4	2	7	1	9
3	4	1	7	8	9	2	5	6
4	2	9	5	1	8	6	3	7
1	7	3	9	6	4	5	8	2
5	6	8	2	7	3	1	9	4

Solutions

193

6	5	9	3	8	2	4	1	7
4	3	8	6	7	1	5	2	9
2	7	1	9	5	4	6	8	3
8	6	4	1	2	3	9	7	5
3	2	7	5	6	9	1	4	8
1	9	5	7	4	8	3	6	2
5	1	6	2	3	7	8	9	4
7	4	3	8	9	6	2	5	1
9	8	2	4	1	5	7	3	6

194

7	1	8	5	4	2	9	3	6
3	5	2	6	8	9	4	1	7
4	9	6	3	7	1	8	5	2
8	4	3	1	2	6	5	7	9
6	7	5	8	9	3	1	2	4
9	2	1	7	5	4	6	8	3
2	3	9	4	1	5	7	6	8
5	6	7	9	3	8	2	4	1
1	8	4	2	6	7	3	9	5

195

6	9	3	1	8	2	7	4	5
1	4	2	5	3	7	8	6	9
8	7	5	6	9	4	2	3	1
7	3	6	8	5	9	4	1	2
5	2	4	3	7	1	6	9	8
9	8	1	2	4	6	3	5	7
2	5	7	4	1	3	9	8	6
3	1	9	7	6	8	5	2	4
4	6	8	9	2	5	1	7	3

196

2	9	8	7	3	1	5	6	4
5	4	3	9	2	6	8	7	1
1	6	7	8	5	4	3	2	9
8	2	1	3	6	7	9	4	5
4	7	5	2	9	8	6	1	3
6	3	9	1	4	5	7	8	2
9	8	4	6	1	3	2	5	7
7	1	2	5	8	9	4	3	6
3	5	6	4	7	2	1	9	8

197

2	5	4	7	1	8	6	9	3
8	7	1	9	3	6	4	5	2
3	6	9	4	2	5	1	8	7
1	3	8	2	6	7	9	4	5
4	9	7	8	5	1	3	2	6
5	2	6	3	4	9	7	1	8
6	8	5	1	9	3	2	7	4
9	4	3	5	7	2	8	6	1
7	1	2	6	8	4	5	3	9

198

9	2	8	5	7	6	3	1	4
7	1	6	4	3	8	5	2	9
3	4	5	1	9	2	8	7	6
6	7	2	3	4	1	9	8	5
5	8	3	9	2	7	6	4	1
4	9	1	8	6	5	2	3	7
1	6	7	2	8	9	4	5	3
8	3	9	7	5	4	1	6	2
2	5	4	6	1	3	7	9	8

199

1	6	8	4	7	2	5	9	3
4	7	5	3	9	1	8	6	2
2	9	3	8	6	5	1	4	7
3	2	4	1	5	6	7	8	9
9	5	1	7	8	3	6	2	4
6	8	7	9	2	4	3	1	5
7	3	9	2	1	8	4	5	6
8	4	6	5	3	9	2	7	1
5	1	2	6	4	7	9	3	8

200

3	9	7	8	2	6	4	1	5
4	6	8	9	5	1	3	2	7
5	1	2	4	3	7	6	9	8
7	3	5	1	6	8	9	4	2
6	8	4	2	9	5	7	3	1
1	2	9	3	7	4	5	8	6
9	5	3	6	8	2	1	7	4
8	4	6	7	1	9	2	5	3
2	7	1	5	4	3	8	6	9

Solutions

201

4	9	3	7	5	2	6	8	1
2	8	1	6	4	3	7	9	5
6	7	5	1	9	8	3	4	2
8	1	4	3	6	5	9	2	7
7	5	9	2	8	1	4	6	3
3	6	2	4	7	9	1	5	8
5	4	6	8	3	7	2	1	9
1	3	8	9	2	6	5	7	4
9	2	7	5	1	4	8	3	6

202

7	6	4	2	3	1	9	5	8
2	9	3	5	8	6	1	4	7
8	5	1	4	7	9	2	6	3
5	3	7	9	6	8	4	2	1
1	8	2	3	5	4	7	9	6
9	4	6	7	1	2	8	3	5
3	1	9	6	4	7	5	8	2
6	2	8	1	9	5	3	7	4
4	7	5	8	2	3	6	1	9

203

4	1	2	3	5	7	9	8	6
8	3	9	1	2	6	5	7	4
7	6	5	4	9	8	2	1	3
1	9	4	8	7	3	6	2	5
2	5	8	9	6	4	1	3	7
3	7	6	5	1	2	8	4	9
6	2	3	7	8	9	4	5	1
5	8	7	6	4	1	3	9	2
9	4	1	2	3	5	7	6	8

204

5	2	4	1	9	7	3	8	6
7	9	3	8	6	2	4	5	1
6	8	1	5	4	3	9	2	7
4	5	6	9	8	1	7	3	2
8	7	9	2	3	5	6	1	4
1	3	2	6	7	4	8	9	5
2	4	7	3	5	9	1	6	8
3	6	5	4	1	8	2	7	9
9	1	8	7	2	6	5	4	3

205

1	8	7	6	9	4	2	5	3
4	6	2	8	5	3	7	1	9
5	3	9	1	7	2	4	8	6
3	2	5	4	1	7	6	9	8
9	4	6	5	3	8	1	7	2
7	1	8	2	6	9	3	4	5
8	5	3	7	4	6	9	2	1
6	7	1	9	2	5	8	3	4
2	9	4	3	8	1	5	6	7

206

3	2	5	8	7	6	9	1	4
7	6	1	9	4	2	8	5	3
9	8	4	5	1	3	7	6	2
6	9	2	3	8	5	1	4	7
8	1	7	6	2	4	5	3	9
4	5	3	7	9	1	6	2	8
5	7	6	4	3	9	2	8	1
1	4	9	2	6	8	3	7	5
2	3	8	1	5	7	4	9	6

207

1	6	2	9	3	7	4	5	8
4	7	3	8	6	5	9	1	2
5	8	9	2	4	1	3	7	6
6	3	8	7	5	9	1	2	4
7	9	1	4	2	8	5	6	3
2	5	4	6	1	3	7	8	9
9	4	7	5	8	2	6	3	1
8	1	5	3	9	6	2	4	7
3	2	6	1	7	4	8	9	5

208

7	5	3	4	9	8	1	6	2
8	6	2	1	7	3	9	5	4
1	9	4	5	2	6	8	3	7
5	7	8	6	4	2	3	9	1
4	3	6	9	5	1	7	2	8
9	2	1	3	8	7	6	4	5
6	8	5	7	3	4	2	1	9
2	1	9	8	6	5	4	7	3
3	4	7	2	1	9	5	8	6

Solutions

209

7	6	2	4	5	1	3	9	8
1	4	9	3	8	6	7	5	2
8	5	3	9	2	7	1	6	4
5	7	6	8	4	9	2	3	1
4	3	1	2	6	5	9	8	7
9	2	8	1	7	3	6	4	5
2	1	5	6	3	8	4	7	9
3	9	7	5	1	4	8	2	6
6	8	4	7	9	2	5	1	3

210

5	4	9	2	1	8	3	7	6
3	7	2	9	6	4	8	5	1
8	6	1	7	3	5	9	2	4
6	1	3	4	5	9	7	8	2
4	9	8	1	2	7	5	6	3
7	2	5	6	8	3	1	4	9
1	8	7	3	4	6	2	9	5
2	5	6	8	9	1	4	3	7
9	3	4	5	7	2	6	1	8

211

4	2	6	5	1	3	7	9	8
5	3	9	4	7	8	1	2	6
7	1	8	2	6	9	3	4	5
9	4	2	1	8	6	5	3	7
8	5	3	7	4	2	6	1	9
6	7	1	3	9	5	4	8	2
2	8	7	6	3	1	9	5	4
3	6	5	9	2	4	8	7	1
1	9	4	8	5	7	2	6	3

212

8	7	6	9	2	5	3	4	1
1	5	2	8	3	4	6	9	7
3	9	4	6	7	1	5	8	2
7	4	5	1	6	3	8	2	9
2	1	3	7	9	8	4	6	5
6	8	9	5	4	2	1	7	3
9	3	1	2	8	6	7	5	4
4	2	8	3	5	7	9	1	6
5	6	7	4	1	9	2	3	8

213

9	2	3	1	4	7	6	5	8
1	4	5	8	9	6	2	7	3
6	7	8	3	5	2	9	4	1
4	6	9	7	8	1	5	3	2
7	3	1	6	2	5	4	8	9
8	5	2	4	3	9	7	1	6
5	1	7	2	6	8	3	9	4
3	8	6	9	7	4	1	2	5
2	9	4	5	1	3	8	6	7

214

4	2	9	5	1	6	7	8	3
1	3	6	2	8	7	5	4	9
7	8	5	4	9	3	6	1	2
2	9	1	7	3	8	4	5	6
6	4	7	9	5	2	1	3	8
3	5	8	6	4	1	9	2	7
8	7	4	1	2	9	3	6	5
9	1	2	3	6	5	8	7	4
5	6	3	8	7	4	2	9	1

215

4	2	9	5	7	1	6	8	3
5	8	3	9	4	6	2	7	1
1	6	7	2	8	3	4	9	5
8	5	6	1	9	7	3	2	4
3	9	1	4	5	2	8	6	7
7	4	2	3	6	8	1	5	9
2	7	4	6	1	5	9	3	8
9	3	8	7	2	4	5	1	6
6	1	5	8	3	9	7	4	2

216

8	7	9	1	6	2	4	3	5
5	3	4	9	7	8	6	1	2
1	2	6	5	3	4	8	7	9
6	1	2	8	4	7	9	5	3
3	9	7	6	5	1	2	4	8
4	5	8	2	9	3	1	6	7
2	4	3	7	8	6	5	9	1
9	6	1	3	2	5	7	8	4
7	8	5	4	1	9	3	2	6

Solutions

217

8	1	3	4	2	6	9	7	5
9	5	6	8	1	7	3	4	2
2	4	7	5	3	9	8	6	1
1	9	5	7	8	2	6	3	4
6	2	8	3	4	5	7	1	9
3	7	4	9	6	1	5	2	8
7	8	2	1	9	3	4	5	6
5	6	9	2	7	4	1	8	3
4	3	1	6	5	8	2	9	7

218

5	2	3	6	7	9	1	4	8
4	9	6	8	2	1	7	3	5
7	1	8	3	4	5	2	6	9
1	4	5	7	8	6	9	2	3
9	6	2	1	3	4	8	5	7
8	3	7	5	9	2	4	1	6
3	5	9	4	1	7	6	8	2
2	8	4	9	6	3	5	7	1
6	7	1	2	5	8	3	9	4

219

7	9	2	3	4	1	5	6	8
4	8	6	5	9	2	3	7	1
1	3	5	7	8	6	2	9	4
8	7	3	4	6	9	1	5	2
5	4	9	2	1	7	8	3	6
2	6	1	8	5	3	7	4	9
6	1	7	9	2	5	4	8	3
9	5	8	1	3	4	6	2	7
3	2	4	6	7	8	9	1	5

220

3	1	8	5	9	6	4	2	7
5	2	9	7	3	4	8	1	6
4	6	7	8	1	2	9	5	3
9	8	4	6	2	1	3	7	5
2	3	6	4	5	7	1	9	8
7	5	1	9	8	3	6	4	2
6	9	5	1	7	8	2	3	4
1	4	3	2	6	5	7	8	9
8	7	2	3	4	9	5	6	1

221

2	4	8	1	3	6	5	9	7
9	3	6	5	7	8	2	1	4
5	1	7	4	9	2	8	3	6
8	2	9	3	6	4	1	7	5
1	6	3	8	5	7	4	2	9
7	5	4	9	2	1	6	8	3
3	7	2	6	8	5	9	4	1
4	8	5	7	1	9	3	6	2
6	9	1	2	4	3	7	5	8

222

3	6	7	8	5	1	4	9	2
8	4	1	7	9	2	5	3	6
5	2	9	6	4	3	1	7	8
9	7	5	4	1	6	2	8	3
4	1	6	3	2	8	9	5	7
2	3	8	9	7	5	6	4	1
6	9	4	2	8	7	3	1	5
7	5	2	1	3	9	8	6	4
1	8	3	5	6	4	7	2	9

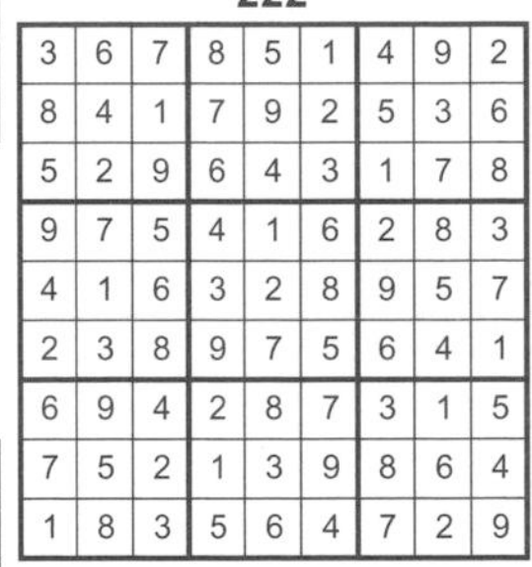

223

6	4	5	1	7	3	8	9	2
7	2	8	9	5	4	3	1	6
1	9	3	8	6	2	4	5	7
2	5	6	3	9	8	7	4	1
8	7	1	4	2	5	9	6	3
4	3	9	7	1	6	2	8	5
3	8	2	5	4	1	6	7	9
9	1	4	6	3	7	5	2	8
5	6	7	2	8	9	1	3	4

224

2	1	7	4	5	8	3	6	9
4	8	5	9	6	3	7	1	2
3	6	9	1	7	2	5	4	8
6	9	3	5	1	4	2	8	7
7	5	8	3	2	6	1	9	4
1	4	2	7	8	9	6	3	5
9	7	1	6	4	5	8	2	3
5	2	4	8	3	1	9	7	6
8	3	6	2	9	7	4	5	1